「なぜ」から始める
IPO
準備実務入門

押さえておきたい上場準備の勘所

株式会社G&Sソリューションズ 著
山田勝也 監修

税務経理協会

本書がめざしていること

　我が国では、ベンチャーやスタートアップを始めとした多くの企業がIPOを志向し、上場に向けた取り組みを行ってきました。ここ20年の株式上場社数は、リーマン・ショックやコロナ禍、急激な為替変動等の影響を受け、年間19社〜125社の幅で大きく乱高下してきました。しかし安倍内閣、岸田内閣、石破内閣といった政府によるスタートアップを徹底支援する方針にも支えられ、スタートアップを中心としたIPO予備軍は、今もなお潜在的には増え続けており、今後のIPO市場の拡大が期待されます。

　IPO準備の過程では、経営管理体制の構築が必要となります。上場審査においてその点を確認されるからです。単に、事業を成長させて一定の利益を獲得しているだけでは不十分です。

　さらに企業は、**コーポレート・ガバナンスや法令遵守、業務管理、利益管理等の様々な課題に対応する体制の構築**が求められます。これらの体制は企業によって様々ですが、上場会社に要求される管理体制が十分に備わっているかという観点で、体制構築が求められることになります。

　とはいえ、**「なぜそのような管理体制の構築が必要なのか」、「実務で具体的にどう構築していけばよいのか」**、捉えかねている人が多いのではないでしょうか。

　上場審査等に関するガイドライン等の表現には抽象的なものも多く、IPO支援を業務とする人であっても実務経験の少ない方であれば、頭では理解できてもピンと来ないでしょう。IPO準備中の会社の人にとってはなおさらのこと。クライアントにその必要性をなかなか理解してもらえず、苦労した経験をお持ちの方も多いと思います。

そのため、本書では、**過去に起きた事件や騒動を解説することで、管理体制構築が必要になる理由と具体策について実感を持ってもらうこと**に重点を置いています。その点、一般的に必要とされる管理体制の水準や管理方法について網羅的に解説しているIPOの一般的な解説書や実務書とは、視点が異なります。

　上場会社に求められる管理体制は時代によって移り変わってきています。数十年前に上場した会社が上場時に求められていた管理体制と現在において求められる管理体制は異なるということです。

　これは単に法令等の新設や改正によって要求されることもあれば、社会的な事件等によって体制の強化が求められることになったような事項もあります。

　過去の事件等を通して、管理体制構築の必要性を理解することは、その後の**IPO準備過程で体制構築を行う際の参考となるとともに、より実態に即した有用な体制構築のための礎になる**と考えられます。

　読者の方がIPOコンサルタントの方であれば、クライアントに指導・助言する際に管理体制構築の必要性に関して理解を得るための材料として、本書の事例が参考になればと思います。

　そして、本書を読んでいる方がIPO準備を目指している会社の関係者であるなら、IPO準備の過程で求められる内容の意義を確認することで、より効率的でかつ効果的な経営管理体制の構築が期待できると考えています。

　なお、本書で取り上げる事例は新聞報道や判例、第三者委員会報告書等の公表情報を参考に記述していますので、必ずしも事実に合致した正確な情報ではない可能性があることにご留意ください。

公認会計士・税理士　山田勝也

▌本書の構成

序章

IPO 準備の基礎知識

IPO の基礎となる知識を説明しています。IPO に関して知識が全くない方は、まずはこの章をお読みください。第1章以降の理解が深まることになります。

一定の知識があるなら飛ばして OK

第1章

会社を成長させ、株式上場を達成する計画の策定

上場直後に大幅な予算の下方修正を行った事例をもとに、事業計画や予算統制の重要性について見ていきます。

第2章

健全な会社経営を行うための準備

法令違反や不適切な関連当事者取引、反社会的勢力との関係を継続していたことが会社経営に重大な影響を与えた事例を取り上げてその重要性について見ていきます。

第3章

経営活動を適切かつ有効に行う経営管理体制の整備

コーポレート・ガバナンス体制の不備や経営管理体制の不備により生じた不祥事事例を取り上げてその重要性について見ていきます。

第4章

企業内容やリスク情報等の開示体制の整備

会計不祥事の事例を取り上げ、財務情報と記述情報（非財務情報）の開示の重要性について見ていきます。

※実際のIPO準備においては、上記の各項目に順番に対応していくのではなく、全体のスケジュールが進捗していく中で並列的に整備を進めていきます。IPO準備スケジュールと各章の項目については、12ページの表をご参照ください。

本書の読み方

　第１章以降の各章では、主要なIPO準備項目を３つのSTEPに分けて解説しています。IPO準備には一定の知見を持っている方や、IPO準備で求められていることの実感を持ちたい方、IPO準備の基本をざっくり理解したい方はまずSTEP 1 を、IPO準備の概要を総なめしたい方はSTEP 2 まで、もう一歩踏み込んで理解を進めたい方はSTEP 3 まで、

　……といった形で、読者の方の希望に合わせて読み方を変えていただけたらと思います。

■各STEPの目的

事案から上場ルールを理解する

上場会社等において管理体制に不備があったことで起きた実際の事件や事案を紹介

STEP1

IPO 準備の過程では様々な要求がされるため、「こんな大変なことをして意味があるのだろうか」といった感情を持ちがちです。しかし、実際に問題になった事案をみると、一定の管理体制が「なぜ」重要なのかを実感することができます。

実務における重要ポイントを確認する

IPO 準備における実務上の重要ポイントを紹介

STEP2

自社の現状の課題を把握することや、IPO 準備でやるべきことの大枠を把握することができます。

ルールをさらに詳しく知る

STEP2 までで解説しきれなかったその他の IPO 準備に関する重要事項を解説

STEP3

本書は入門書ですので、すべてを詳細に解説することはできませんが、他の専門書等への橋渡しとなる情報を概説しています。

目　次

本書がめざしていること
本書の読み方

序章　IPO準備の基礎知識

01 株式上場（IPO）とは　*2*

02 IPOのメリットとデメリット　*4*

03 IPO準備に必要な費用　*9*

04 IPO準備のプロセスとスケジュール　*11*

05 上場する市場の選択──証券取引所の種類　*15*

06 IPO準備に関わる各プレーヤーの役割　*19*

07 エクイティストーリーと資本政策の検討　*31*

08 上場にあたっての審査　*37*

09 上場後のフォローアップ制度と上場廃止　*46*

第1章　会社を成長させ、株式上場を達成する計画の策定

01 事業計画・予算統制　*52*

STEP 1
事案から上場ルールを理解する

1 上場した直後に業績予想が下がるリスク　*52*

Case01 上場直後に業績予想を大幅に下方修正したgumi　*52*

STEP 2
実務における重要ポイントを確認する

2 チェックシート／事業計画・予算統制の構築　*55*

1

STEP 3　　　　　　　　　　　　　　　　　ルールをさらに詳しく知る

3　上場審査と事業計画・予算統制　*59*

4　上場審査における事業計画の作成の留意事項　*60*

5　事業計画作成上の留意点　*63*

6　ディープテック企業のグロース市場上場における審査　*63*

7　IPOとM&A　*64*

Case02　M&Aが原因で決算短信の提出が遅延し、
監理銘柄になったテクノロジーズ　*69*

第2章　健全な会社経営を行うための準備

01　コンプライアンス（法令遵守）　*74*

STEP 1　　　　　　　　　　　　　　　　事案から上場ルールを理解する

1　コンプライアンスを軽視するリスク　*74*

Case03　特許権侵害訴訟が上場時期に
影響を与えたアスタリスク　*75*

Case04　飲食店の店長が「名ばかり管理職」として
残業代の支払が求められた日本マクドナルド　*76*

Case05　長時間労働により社員が自殺した電通　*78*

Case06　上場直後に許認可の取消処分を受け、
業務が一定期間行えなかったアルデプロ　*80*

STEP 2　　　　　　　　　　　　　　実務における重要ポイントを確認する

2　チェックシート／コンプライアンス体制の構築　*83*

STEP 3　　　　　　　　　　　　　　　　　ルールをさらに詳しく知る

3　株式上場に必要なコンプライアンス体制とは　*85*

4　経営者によるコンプライアンスの意義や重要性の理解　*85*

5　コンプライアンスに関する
基本方針・行動規範の明文化と浸透　*86*

6　コンプライアンス部門の設置　*90*

7　コンプライアンス教育の実施　*91*

2

02 関連当事者との取引等の整理 *92*

STEP 1 　　　　　　　　　　　　　　　　　　　　　事案から上場ルールを理解する

1 関連当事者との取引等を維持するリスク *92*

Case07 会長の権限を利用して個人的用途のための
支出が行われた大王製紙 *92*

STEP 2 　　　　　　　　　　　　　　　　　　　実務における重要ポイントを確認する

2 チェックシート／関連当事者との取引等の整理 *95*

STEP 3 　　　　　　　　　　　　　　　　　　　　　　ルールをさらに詳しく知る

3 関連当事者とは *98*

4 関連当事者取引の問題点 *99*

5 IPO準備段階における関連当事者の取扱い *100*

6 関連当事者取引に関する体制整備 *101*

7 関係会社の整理 *102*

03 反社会的勢力排除のための取組み *103*

STEP 1 　　　　　　　　　　　　　　　　　　　　　事案から上場ルールを理解する

1 反社会的勢力との関係を続けるリスク *103*

Case08 長期にわたる反社会的勢力との関係により
上場廃止になった三栄建築設計 *104*

STEP 2 　　　　　　　　　　　　　　　　　　　実務における重要ポイントを確認する

2 チェックシート／反社会的勢力との関係の整理 *106*

STEP 3 　　　　　　　　　　　　　　　　　　　　　　ルールをさらに詳しく知る

3 上場審査における反社会的勢力との関係の整理 *108*

4 内部統制との関係性 *110*

3

第3章
経営活動を適切かつ有効に行う 経営管理体制の整備

01 コーポレート・ガバナンス体制の 確立に向けた体制の整備 *114*

STEP 1 事案から上場ルールを理解する

1 企業内部の自浄作用が働かないリスク *114*

Case09 コーポレート・ガバナンスの機能不全により 自主廃業にまで至った山一証券 *115*

STEP 2 実務における重要ポイントを確認する

2 チェックシート／コーポレート・ガバナンス体制の構築 *125*

STEP 3 ルールをさらに詳しく知る

3 コーポレート・ガバナンスとIPO *129*

4 コーポレートガバナンス・コード *129*

5 機関設計とコーポレート・ガバナンス *141*

02 経営管理組織の整備 *156*

STEP 1 事案から上場ルールを理解する

1 経営管理体制の不備に起因する不祥事のリスク *156*

Case10 絶対的地位を有する取締役CFOに内部統制が機能 しなかったアジャイルメディア・ネットワークス *157*

STEP 2 実務における重要ポイントを確認する

2 チェックシート／経営管理組織の整備 *160*

STEP 3 ルールをさらに詳しく知る

3 上場審査における経営管理組織の考え方 *165*

4 職務分掌制度の構築 *165*

5 経営管理組織の整備 *166*

6 内部統制の整備 *166*

7 社内諸規程の整備 *167*

03 業務管理体制の整備 *170*

STEP 1 事案から上場ルールを理解する

1 業務効率の低下やトラブルにより不測の損害を被るリスク *170*

- **Case11** 米国におけるSOX法成立の
きっかけとなったエンロン *171*
- **Case12** 日本の内部統制報告制度（J-SOX）の
きっかけとなったカネボウと西武鉄道 *172*

STEP 2 実務における重要ポイントを確認する

2 チェックシート／業務管理体制の構築 *175*

STEP 3 ルールをさらに詳しく知る

3 上場審査における業務管理体制整備の考え方 *181*

4 上場審査における内部統制報告制度（J-SOX）の位置づけ *181*

5 内部統制報告制度（J-SOX）概要 *182*

6 業務プロセスに係る内部統制の整備 *184*

第4章 企業内容やリスク情報等の開示体制の整備

01 決算等の財務情報の開示に向けた準備 *188*

STEP 1 事案から上場ルールを理解する

1 適切でない財務情報開示が招く会計不正のリスク *188*

- **Case13** 有価証券含み損を連結外のファンドへ
飛ばしたオリンパス *189*
- **Case14** 過度な目標達成圧力が
不適切な会計処理を招いた東芝 *193*
- **Case15** 史上最短、上場7か月で
上場廃止となったエフオーアイ *199*

STEP 2 実務における重要ポイントを確認する

2 チェックシート／適切な財務情報開示体制の整備 *201*

ルールをさらに詳しく知る

STEP 3

3 ディスクロージャー制度とは *206*

4 我が国における情報開示制度の体系 *207*

5 税務会計と企業会計 *216*

02 記述情報（非財務情報）の開示に向けた準備 *221*

序章

IPO準備の基礎知識

An investment in knowledge pays the best interest.

株式上場（IPO）とは

　株式上場（IPO）とは、Initial Public Offeringの略で、会社が初めて株式を証券取引所（公開市場）において自由に取引できる状態になることをいいます。これにより、上場前は限られた株主だけが保有していた株式を、不特定多数の投資家がいつでも自由に取引可能となります。

　多くの非上場会社では、特定の同族株主によりその株式の大半が保有されています。同族経営は、所有と経営が合致している点においてトップダウンによる迅速な意思決定が行えるというメリットがあります。しかし、会社が大きく成長していく過程においては会社規模に比較して、同族経営者に権限が集中しすぎることにより意思決定が遅れることや適切な意思決定を行うことができなくなるといった、同族経営によるトップダウンの経営の限界が表れてくることがあります。

　また、上場によって一定規模以上の資金調達が可能になり、より大きな投資ができるようになることも、会社を成長させるためには重要な点です。

　IPO準備は、同族を中心としたプライベートカンパニーからパブリックカンパニーとなり、その組織的経営を実現するための経営管理体制を構築するプロセスであるとも言えます。

▌未上場企業と上場企業の相違点

項目	未上場企業 （プライベートカンパニー）	上場企業 （パブリックカンパニー）
株式	【譲渡制限あり】 同族で保有（株主対応不要）	【譲渡制限なし】 一般株主が発生、株主対応必要
株式の財産価値	相対による価格決定	活発な市場あり
株式の流動性	無（定款にて譲渡制限を設けている）	取引所で売買されており、上場維持基準として流動性基準も設けられている
経営者	世襲による経営が多い	経営者は株主により選任される
情報開示	株主、取引先、銀行、課税庁	ステークホルダーに対して、有価証券報告書等を開示
社会的責任	同族、従業員、取引先	一般株主に対しても発生
事業拡大の速度	遅い（資金調達の限界）	早い（資金調達手段が多様化、M&A対象が拡大）

序章

IPO準備の基礎知識

IPOのメリットとデメリット

1　IPOのメリット

　非上場会社がIPOをすることには、資金調達による自社の成長促進のほか、知名度向上、安定的な経営体制の構築等の様々なメリットがあります。

　IPOは本来は資金調達目的で行われるものではありますが、ほぼ資金調達を行わない企業や、売り出しも含め公開株式数が著しく少ない銘柄も少なくはありません。これらの会社は資金調達や創業者利潤の実現といった目的以外のIPOのメリットを享受するためにIPOを果たしたのではないかと推察されます。

＜公募増資を一切しなかった事例＞

　2024年7月26日に東証グロース市場に上場した株式会社タイミーは、IPO時に発行済み株式総数の39%にあたる株式をベンチャーキャピタル（VC）を中心とした既存株主が市場に売出しすることにより上場しました。しかし、株式会社タイミーは新規上場時に一切の公募を行っていないことから、資金調達以外のメリットを享受するための上場と考えられます。

＜公開株数が少ない事例＞

　2017年9月14日に当時の東証マザーズに上場したウォンテッドリー株式会社は、IPO時に発行済株式総数4,572,700株に対して公募株式数50,000株、売出株式数99,500株とわずかな公開株式数での上場を果たしています。公開価格は1,000円であったため、公募による調達額は5,000万円、売出しによる調達額は9,950万円となっています。公開時時価総額45億円に対してわずかな調達額となっているため、資金調達や創業者利潤の実現以外のメリットを享受するための上場と考えられます。

(1) 資金調達の多様性

会社が事業を拡大し、成長するためには、資金を調達し、調達した資金を投資し、そこからの成果を得ていくことが必要になります。資金調達は、会社の事業成長のスタートとなる重要な要素です。資金調達には、金融機関からの融資に代表されるような間接金融と呼ばれる手法や、増資に代表されるような直接金融と呼ばれる手法があります。上場後は株式証券取引所において公募による時価発行増資や社債の発行を行うことによる資金調達が可能となります。

非上場会社の場合、資金は主に創業者自身、ベンチャーキャピタル、または金融機関からの融資によって調達され、比較的限られた資金源に依存しています。

しかし、証券取引所に上場すると、企業は世界中の投資家から資金を集めることが可能になり、資金調達の選択肢が大幅に拡大します。これにより、企業は必要な設備投資等のための資金をより多様な方法で、かつ低いコストで調達できるようになります。

(2) 社会的信用力の増大と知名度の向上

上場会社は、社会的な評価が非常に高いという特徴があります。上場会社は財務情報等を適時に公表する義務があり、企業の透明性を高めます。また、上場審査といった厳しい審査基準を満たしたことにより、一定の経営管理体制が整い、安定的で継続的な成長を遂げるための経営基盤が整っていることの蓋然性が高まります。このようなことから、株式を上場するということは、企業が優良であるという印象を与え、イメージ向上や社会的信用力の増大につながります。さらに上場会社は、新聞やテレビなどのメディアで報道される機会が増え、広く認知されるようになります。

(3) 優秀な人材の確保

上場会社はその上場審査のプロセスにおいて、継続的に成長し、安定的な

経営管理体制が整っているか厳しく審査されます。また、上場会社は高い倫理観や遵法意識を求められます。問題が起きた場合には新聞やテレビなどのメディアで取り上げられ、社会問題として厳しく責任追及されることもあり、より公正な企業行動が求められています。

　高い信頼性と知名度があり、求職者の立場からも雇用の安定性の蓋然性が高まるため社会全体に広く人材を求めることが可能です。そのため、上場会社は非上場会社と比較して優秀な人材を確保しやすいという特徴があります。

　さらに、上場会社の場合にはストックオプションや従業員持ち株制度のようなインセンティブ・プランを導入することも容易となります。これにより、従業員のモチベーションを高め、企業への帰属意識を強化し、組織の発展につながるという効果も考えられます。

(4)　経営管理体制の組織化と内部管理体制の充実

　IPO準備の過程では、安定的な経営を行うため、同族的経営から組織的経営を行うための内部管理体制の構築を進めることが必要となります。特定の個人の能力に依存した経営を行う同族会社にとって、会社の経営組織の変革は、簡単に行えるものではありません。しかし、会社規模が拡大し、安定的かつ継続的に成長するためには、一般的に特定の個人の能力に頼った経営では限界があるとともに、リスクが高いと考えられており、組織的経営に移行することが重要となります。

　IPO準備の過程で求められる内部管理体制の構築は、組織的経営を行うために一般的に必要と考えられる組織と体制の整備です。そのため、IPO準備を進めていく中で、会社として強固な経営管理体制を構築し、持続可能な成長へと繋げることができます。

(5)　創業者利潤の実現

　創業者や早期の投資者は、株式上場時にその保有する株式を「売出し」することによって、創業者利潤を確定させることができます。また、企業が成長軌道に乗っていれば、上場後も継続的に株価を上昇させていくことも可能

です。また、上場後は保有する株式を公開市場で自由に売買することができるようになるため、株式の流動性が高まり、必要に応じていつでも利益を実現することが可能になります。

2　IPOのデメリット

IPOをすることは上記のように様々なメリットはあるものの、一方で業務負担の増加などの観点からは、デメリットもあります。

(1)　IPO準備費用の負担や労力の増大

IPO準備を始めるとガバナンス構築や内部管理体制の整備等のIPO準備のために必要な費用が多額に生じます。また、上場後には上場を維持するためにも、種々のコストを負担することが必要となります。これらの費用は非上場を維持した場合には必ずしも負担する必要がないものも多く、その点ではIPOをするデメリットであるともいえます。また、IPO準備のための様々な体制構築や上場維持のために必要な事務負担も多く、単に費用としての面だけでなく労力としても負担が増大します。

(2)　企業内容開示（ディスクロージャー）義務への対応

上場企業は、金融商品取引法や会社法等の法令に基づき様々な情報公開義務（例えば有価証券届出書、有価証券報告書、四半期報告書など）を負うとともに、証券取引所の自主規制による情報公開（適時開示、決算短信など）にも対応しなければなりません。さらに、現在の株主だけでなく、将来の投資家や社会全体への影響も意識した、積極的な情報公開や説明会の開催、統合報告書の作成といったIR活動が求められます。

上場企業に対する企業情報の開示の社会的な要求は年々高まっており、上場企業の責任として社会的な要求に対して適切な対応を要します。これらの対応は企業に一定の負担となるためデメリットであるともいえます。なお、上場会社に求められる企業内容開示（ディスクロージャー）制度の概要につ

いては第4章で詳述します。

IPO準備に必要な費用

　IPO準備中から上場後において、様々な費用が発生しますが、主なものは下記のとおりです。関連する当事者のリソースや需給関係によって大きく異なりますが、年間数千万円から数億円の費用が生ずることになります。

　IPO準備を進めるうえでは、これらの費用を負担してもなお一定の利益を獲得する経営体制が必須となります。IPOを目指す初期段階における事業計画の策定上はこれらの要素も考慮して検討を進めることが重要です。

▎IPO準備のために必要な費用の概要

フェーズ	主な費用	主な内容
上場準備中	体制構築のために必要な採用コスト・人件費	・CFOや管理部人員等の内部管理体制の強化のための採用コスト（人材紹介料等） ・社外役員や管理部人員その他の増強した人員に係る人件費
	監査法人（公認会計士）に対する監査報酬等	・ショートレビュー報酬 ・アドバイザリー報酬 ・監査報酬（直前々期（n-2期）以降は監査法人（公認会計士）の財務諸表監査が必須）
	証券会社に対する上場コンサルティング報酬	・上場審査に向けた助言
	システム構築費	・IPO準備の過程で導入したシステムの整備・維持費用
	その他上場コンサルタント等に対する報酬	・資本政策や規程整備、内部管理体制構築、決算・開示体制の整備、申請書類作成等の上場コンサルタントへの報酬
上場申請	上場審査料	日本証券取引所の場合 プライム市場：400万円 スタンダード市場：300万円 グロース市場：200万円

	新規上場料	日本証券取引所への場合 プライム市場：1,500万円 スタンダード市場：800万円 グロース市場：100万円
	公募又は売出しに係る料金	日本証券取引所への場合 (1)上場申請に係る株券等の公募：公募株式数×公募価格×万分の9 (2)上場申請に係る株券等の売出し：売出株式数×売出価格×万分の1
	申請書類作成に係る費用	・上場申請書類（Ⅰの部、各種説明資料、Ⅱの部等）の印刷費等 ・有価証券届出書 ・目論見書等の印刷費等 ・新聞公告費等
	幹事証券会社への報酬	・主幹事証券会社への成功報酬 ・幹事証券会社に対する引受手数料
	登録免許税	・上場に伴って株式の公募を行う場合の増加資本金の額に応じた登録免許税
上場後	証券取引所への年間維持費用	・取引所へ支払う年間上場料
	株主総会関連費用	・株主総会の開催にかかる諸費用（会場のレンタル、資料の印刷、通信費など）
	株式事務代行手数料	・株主名簿の書き換えや株主総会招集通知の発送など、株式に関する事務全般（株式事務）の証券取引所が承認する代行機関への委託費
	監査法人（公認会計士）に対する監査報酬等	・ショートレビュー報酬 ・アドバイザリー報酬 ・監査報酬（直前々期(n-2期)以降は監査法人（公認会計士）の財務諸表監査が必須）

IPO準備のプロセスとスケジュール

IPO準備の過程では様々な課題に対して同時並行で対処していくことが求められます。下図の標準的なスケジュール（例）のように、IPOは通常3年以上の準備期間を経て進めていくことになります。その過程で、監査法人からの指摘事項や主幹事証券会社からの指摘事項について順次課題を解決していきます。

(1) N-3期以前におけるIPO準備

この期間は、IPO準備の「土台作り」の段階です。将来の上場を見据えて、事業計画と資本政策の策定を始めます。また、許認可違反や反社会的勢力との関係性、未払労働債務などの重大なコンプライアンス違反、最低限の経営管理体制の整備など、IPO準備において重大な阻害要因となりかねない課題についてもこの段階で把握し、対処していくことも有用です。

また、N-2期からは監査法人（公認会計士）による財務諸表監査を受ける必要があるため、一般的にはN-2期の期首までには監査法人（公認会計士）によるショートレビューを受け、監査法人の選定を完了することが必要となります。

(2) 直前々期（N-2期）におけるIPO準備

この期間は、より具体的な準備に移行し、内部管理体制の整備を進めます。監査法人によるショートレビューの結果や主幹事証券会社による指摘事項等を踏まえて、上場審査に向けて必要な体制の整備と課題の解決が本格化していきます。

■IPO準備の標準的なスケジュール（例）

		N-3期以前	N-2期 （直前々期）
主要 スケジュール		★監査法人選定/主幹事証券選定	
上場審査 【序章8】			
エクイティストーリーと資本政策 【序章7】		資本政策検討 → 資本	
		エクイティストーリー構築	
会社を成長させ、株式上場を達成する計画の策定【第1章】		・中期経営計画 ・予算管理体制	
健全な会社経営を行うための準備	コンプライアンス体制 【第2章1】	・重要課題の把握 ・対応策検討 → ・改善	
	関連当事者取引の整理 【第2章2】	・関連当事者の把握 ・取引の特定 → ・必要性の検討	
	反社会的勢力の排除 【第2章3】	・反社会的勢力との取引の 有無の調査/対応 → ・反社会	
経営活動を適切かつ有効に行う経営管理体制の整備	コーポレートガバナンス体制 【第3章1】	・コーポレートガバナンス体制の整備/運用	
	経営管理組織 【第3章2】	重要課題の把握 ・対応策検討 → 課題の抽出・改善	
	業務管理体制 【第3章3】		
企業内容やリスク情報等の開示体制の整備【第4章】	申請書類等		Ⅰの部、
	会計監査	ショートレビュー 会計処理の検討/過年度修正等	適正意見

12

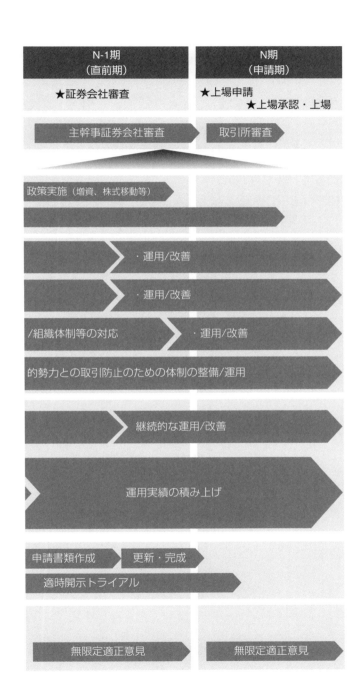

⑶　直前期（N-1期）におけるIPO準備

　上場申請に向けた最終段階です。ここでは、構築した内部管理体制の運用段階に入るとともに、継続的に改善活動を進め、既に構築した体制を実際に運用し、定着させます。

　また、申請期に向けて上場申請書類の作成に取り掛かり、随時主幹事証券会社のアドバイスを受けることにもなります。

⑷　申請期（N期）におけるIPO準備

　申請期には、直前期までの財務情報及び構築された内部管理体制を受けて、主幹事証券会社における引受審査、上場申請書類の提出、取引所による上場審査を受けることになります。

　社内では、上場に向けて様々な課題や質問、資料徴求への対応をすることになり負荷も高くなってきます。

　また、申請期においては、月次予算の進捗状況や予実管理の実施状況等について特に注視され、四半期決算短信等の作成・開示体制等もより厳格に審査され、上場後にトラブルが生じない体制が構築されているか確認されることになります。

上場する市場の選択──証券取引所の種類

序章 IPO準備の基礎知識

　証券取引所とは、金融商品取引法に基づいて運営され、投資家たちは証券会社を通じて、株式や債券、投資信託などの有価証券の売買が行われる場所をいいます。

　国内の金融商品取引所は現在下表のように4つの取引所が開設され、それぞれの取引所ごとに複数の市場区分を設けています。

　それぞれの取引所・市場区分は以下の通りです。

▌日本の金融商品取引所の概要

金融商品取引所	市場区分・内訳区分	市場の説明
東京証券取引所	プロ投資家向け市場	
	TOKYO PRO Market	日本やアジアにおける成長力のある企業に新たな資金調達の場と他市場にはないメリットを提供すること、国内外のプロ投資家に新たな投資機会を提供すること、日本の金融市場の活性化ならびに国際化を図ることを目的とした市場
	個人投資家でも参加可能な市場	
	プライム市場	多くの機関投資家の投資対象になりうる規模の時価総額（流動性）を持ち、より高いガバナンス水準を備え、投資家との建設的な対話を中心に据えて持続的な成長と中長期的な企業価値の向上にコミットする企業向けの市場
	スタンダード市場	公開された市場における投資対象として一定の時価総額（流動性）を持ち、上場企業としての基本的なガバナンス水準を備えつつ、持続的な成長と中長期的な企業価値の向上にコミットする企業向けの市場
	グロース市場	高い成長可能性を実現するための事業計画

15

		及びその進捗の適時・適切な開示が行われ一定の市場評価が得られる一方、事業実績の観点から相対的にリスクが高い企業向けの市場
名古屋証券取引所	プレミア市場	優れた収益基盤・財務状態に基づく高い市場評価を有し、個人投資家をはじめとする多くの投資家の継続的な保有対象となりうる企業向けの市場
	メイン市場	安定した経営基盤が確立され、一定の事業実績に基づく市場評価を有し、個人投資家をはじめとする多くの投資家の継続的な保有対象となりうる企業向けの市場
	ネクスト市場	市場将来のステップアップを見据えた事業計画及び進捗の適時・適切な開示が行われ、一定の市場評価を得ながら成長を目指す企業向けの市場
札幌証券取引所	本則市場	一定の実績を有した企業を対象とする市場
	アンビシャス市場	近い将来における本則市場へのステップアップを視野に入れた中小・中堅企業向けの育成市場
福岡証券取引所	本則市場	一定の実績を有し、安定性と成長性を兼ね備えた企業を対象とした市場
	Q-Board	成長の可能性が見込まれる企業を対象とした市場

　現在、東京証券取引所には「プライム」「スタンダード」「グロース」の3つの市場（Tokyo Pro Marketを除く）が設けられており、それぞれが異なる特色や基準を持っています。これらの市場は、企業の規模や成長性、業績などに応じて分けられています。

　上場を検討する企業にとって、これらの市場のコンセプトや基準の理解は必須です。各市場の特徴や要件を十分に理解したうえで、自社の特性やビジョン、目指す将来像に最も適した市場を選択することが求められます。

　また、東京証券取引所は、最近のIPO企業を市場区分ごとにその規模的特徴を比較した資料を下表の通り公表しています。

全上場会社数に占めるプライム市場・スタンダード市場の割合が大きいことがわかります。それぞれの市場における規模は上場する市場を検討する際の参考になるかと思います。

また、東京証券取引所における市場区分ごとの新規上場数の推移をみると、新規上場（TOKYO PRO Marketを除く）のおよそ7割から8割はグロース市場（旧マザーズ、JASDAQ含む）に上場していることがわかります。これは、グロース市場が新興市場と位置づけられていることから、成長が期待される多くの企業が集まっている状況が見て取れます。

▌最近のIPO企業の規模比較（2023年のIPO企業）

市場区分	上場会社数 （2024年4月 30日時点）		売上高	経常利益	純資産の額	初値時価 総額	IPO時の ファイナ ンス規模
プライム	1,650社	最大値	2,457億円	559億円	2,065億円	4,875億円	1,245億円
		中央値	1,759億円	419億円	1,837億円	4,015億円	1,070億円
		最小値	1,060億円	279億円	1,609億円	3,156億円	896億円
スタンダード	1,604社	最大値	835億円	233億円	1,454億円	1,843億円	572億円
		中央値	71億円	7億円	34億円	100億円	20億円
		最小値	6億円	1億円	1億円	27億円	5億円
グロース	582社	最大値	461億円	56億円	210億円	1,286億円	552億円
		中央値	25億円	1億円	11億円	130億円	24億円
		最小値	0億円	▲40億円	0億円	20億円	3億円
TOKYO PRO Market	103社	最大値	253億円	19億円	114億円	112億	0億円
		中央値	15億円	1億円	4億円	12億円	0億円
		最小値	3億円	▲0億円	1億円	2億円	0億円

注1：IPO時のファイナンス規模＝公募＋売出し（OA含む）
　　　なお、TOKYO PRO MarketのIPO時のファイナンス規模は、特定投資家向け取得勧誘または特定投資家向け売付勧誘等を指すが事例無し
注2：1億円未満四捨五入
注3：IFRS採用企業については、「売上高」＝「売上収益」、「経常利益」＝「税引前利益」、「純資産の額」＝「資本合計」を記載
注4：プライム市場の2例のみのため、中央値欄には2社平均を記載

（出所：日本取引所グループ「新規上場基本情報」より）

市場別新規上場件数（東証のみ）

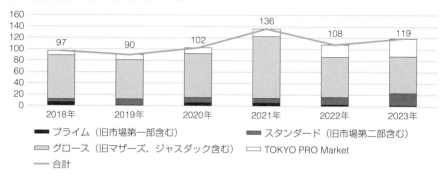

IPO準備に関わる各プレーヤーの役割

1 企業内部でIPO準備に関わるプレーヤー

(1) CEO

　CEO（Chief Executive Officer）は、最高経営責任者のことを指し、企業の戦略策定・実行、日々の運営管理、及び長期的な目標達成に向けてリーダーシップを発揮する役割を担います。一般的には代表取締役社長がこのポジションに位置づけられることが多いでしょう。

　IPO準備においてCEOは通常の役割に加えた特別の役割が求められるというわけではなく、企業のリーダーとして、IPOを成功に導くために例えば以下のような役割を果たしていくことが期待されます。

① 上場の意義や必要性等を踏まえて上場に向けた意思決定をすること

　IPOを果たすためには様々な課題に対処していくことが求められます。「漠然と上場を目指す……」といった状態では、中長期にわたるIPO準備の期間を組織として耐え抜くことは難しくなってきます。まず、自社はなぜIPOを行うのか、IPOを果たすことでどのような効果を得ることができるのかについて整理し、目的を明確化したうえでIPO準備に関わる意思決定を行うことが重要です。

② 経営理念・ビジョンを社内外に明確に示し、自社の経営戦略を立案し、事業計画を策定すること

　IPOを果たすためには自社が成長性のある事業を行っていることや、会社が継続的に事業を営み、安定的に成長していくことが重要となってきます。

そのためCEOは自社の経営理念等を明確に示し、事業戦略に落とし込むことが求められます。

③　経営戦略や事業計画の実行、IPO準備において求められる経営管理体制の構築に必要な組織を確立すること

　策定した経営戦略を適切に実行していくためには適切な経営管理組織を構築することが重要となります。CEOは戦略実行に必要な組織体制を構築し、必要な人員を配置し、その方針を決定することが求められます。

④　IPOに必要な諸種のプレーヤーを選定し、チームを発足させること

　IPO準備においては様々な課題に同時に対応する必要があるため、社内外の様々なプレーヤーが関与し、体制を早急に整えていくことになります。CEOは、様々な課題に対処するのに必要な人員を選定しチーム編成を行うことが求められます。

⑤　株主や役員と対話し、利害調整を図ること

　自社がIPOを目指すと、それまでの会社組織や経営体制から大きく変化していきます。場合によっては既存株主や役員にとって好ましくない変化となることもあります。そのため、CEOとしてはIPO準備を進めるにあたってこれらの関係者の利害を調整する場面が出てきます。

⑵　CFO

　CFO（Chief Financial Officer）は、最高財務責任者のことを指し、企業の財務戦略を立案し、実行していく責任者としての役割を担います。一般的には財務担当取締役や管理部長等がその役職を担っていることも多くありますが、そのような肩書にとらわれるものではありません。

　IPO準備においてCFOはIPO準備を推進し、上場審査に対応していく窓口となることも多く、その役割は非常に重要です。CFOはIPO準備において例えば以下のような役割を果たすことが期待されます。

① 資本政策の立案

　株式上場を果たすと、株式は証券取引所（公開市場）において自由に取引できる状態になり、上場時には自社の株式の一部の売出し、若しくは公募増資による新株の発行を行うことになります。その結果、上場後には大きく株主の内訳が変わることになります。

　また、上場に向けての成長戦略を実行する過程で、事業に必要な投資のための資金をエンジェル投資家やベンチャーキャピタル（VC）等から第三者割当増資等により調達することや、従業員等へのインセンティブとしてストックオプションを発行することもあります。このような資本政策は、一度実行すると後戻りが非常に難しいものであることから、自社の成長戦略に照らして戦略的に検討することが必要であり、財務戦略を担うCFOの重要な役割の一つとなります。

② 資金調達の実行

　前述の通り、IPO準備の過程で自社の成長戦略の実行に必要な投資等を行うために資金が必要となることがあります。成長のために必要な投資資金が自己資金のみで足りる場合もありますが、多額の投資が必要である場合には金融機関からの融資による資金調達（間接金融）やベンチャーキャピタル（VC）からの第三者割当増資による資金調達、事業会社との資本提携等による資金調達（直接金融）等を検討することがあります。いずれの資金調達においても調達先とのコミュニケーションを通じて自社に対して多額の資金を投じてもらうために自社の事業内容や成長性等の魅力を説明し、資金を投ずる必要性に関して理解してもらうことが必要であり、CFOはそのような役割を前面に立って担うことになります。

　また、資金調達の手法は年々進化しており、新たな手法も生み出されます。資金調達を行う上ではそのような手法に関する知識も必要となります。

③ 経営管理体制の構築

　IPO準備で対応すべき事項のうち大部分を占めるのが経営管理体制の構築

です。これは、会社の機関設計に始まり、社内の業務管理体制、規程類の整備等のように社内の様々な階層・部署にわたって影響する体制整備となります。これらの整備の過程では従前の管理体制から大きく業務内容の変更を伴う場合も多く、社内外の体制構築をトップダウンで進める必要が出てきます。そのような役割をCFOは率先して担っていくことが期待されます。

④　監査法人対応

N-2期からは監査法人（公認会計士）による財務諸表監査を受ける必要があります。CFOは監査法人とのコミュニケーションを通して、会計上の課題や論点を整理し、内部統制を構築することが期待されます。

⑤　証券会社・証券取引所対応

IPO準備の過程で証券会社とアドバイザリー契約を締結し、上場に向けた諸課題に関する整理を進めていきます。CFOは証券会社と密接に連携して、これらの課題に対応します。また、申請期に入ると証券会社により引受審査が、証券取引所においても上場審査が行われます。CFOはこれらの審査に対しても前面に立ち、資料の提出や質問への回答等に対応することになります。

(3)　公開準備室長

IPO準備における社内の責任者として、公開準備室長を選任することがあります。公開準備室長は、IPO準備における諸課題を集中的に対応するポジションとして、社内の様々な部署にわたって進んでいくIPO準備における課題を整理し、推進し取りまとめていくことが期待されます。

なお、公開準備室長は専任の業務として選任されることもあれば、他業務との兼任とされることもあります。

(4)　監査役等

監査役は株主総会で選任され、取締役や会計参与の職務の執行を監査する役割を担います。監査役（会）は会社法に定められた会社の機関であり、伝

統的な機関設計である監査役（会）設置会社においては、株主総会、取締役会（取締役）と並ぶ機関として位置付けられます。監査役は、一般的には、業務監査と会計監査の権限を有しており、企業経営の健全性や適正性を確保し、法令を遵守するための体制を整備するためのコーポレート・ガバナンス体制の一翼を担う重要な機関となります。

IPO準備の過程では、従前のプライベートカンパニー下においては監査役等による監査が十分に機能していないことも多いため、上場審査においては監査役が独立した機関として適切に機能しているかが慎重に確認されます。具体的には、監査役監査が監査計画の策定、監査の実施、監査報告という一連の流れの中で適切に実施されていることを確かめるために、監査計画や監査調書等の提出が求められ、内部監査部門や会計監査人との連携に関する記録を確認され、監査役自身に対するヒアリングも実施されます。

(5) 社外役員

近年コーポレート・ガバナンスの重要性が高まる中で、会社法や取引所の規則等により、社外役員（取締役・監査役）の役割が経営の透明性を高めるために重要視されています。すなわち、業務執行を担う経営者から客観的に独立した立場を有する社外役員は業務執行を担う経営陣からの圧力を受けづらく、経営に対する有効な監視の実施が期待されます。

また社外役員は、社外取締役は自社に不足している経験や専門性を補い、経営陣のスキルバランスの改善に寄与することも期待されます。

社外役員は必ずしもIPO準備の早期から選任することが求められるというわけではありませんが、役員選任は株主総会の決議による必要があることや、自社の業務への理解や相性等の観点も踏まえるとIPO準備の早い段階から人材候補の探索を始めておくことも有用であるといえます。

2　IPO準備に重要な役割を担う企業外部のプレーヤー

(1)　主幹事証券会社

　主幹事証券会社とはIPOに際して株式を引受け、株式を市場に売り出す証券会社（引受証券会社）のうちIPO準備の段階から上場後まで中心的な役割を担っていく証券会社のことです。

　主幹事証券会社の担う役割としては以下のような役割があります。

　① 上場に向けたスケジュールの策定や相談

　② 公募・売出も含む資本政策に関するアドバイス

　③ 引受審査対応に関するアドバイス

　④ 引受審査業務、推薦書の作成

　⑤ 取引所審査対応に関するアドバイス

　⑥ 株式の引受

　IPO準備において主幹事証券会社は重要な役割を担うとともに、主幹事証券会社抜きにIPOを行うことはできません。また、主幹事証券会社の担う業務に大きな違いはありませんが、会社によってその特徴や引受審査の進め方、考え方等が異なることもあります。長いIPO準備期間を並走するパートナーとして主幹事証券会社の役割は重要であり、IPO準備開始後早い段階から主幹事証券会社となることのできる証券会社と接触し、選定を進めていくことが重要です。

(2)　監査法人

　前述の通り、上場審査基準を満たすためには上場申請の前2期間の財務諸表等について登録上場会社等監査人（日本公認会計士協会の品質管理レビューを受けた者に限る）の監査等を受けることが必要となります。

　監査法人等による監査を受けることで、投資家による投資意思決定の判断

材料となる財務数値の信頼性が確保されることになります。監査法人等による監査を受けるためには、少なくとも直前々期（N-2期）の期首よりも前に監査法人等によるショートレビューを受けることが一般的です。

ショートレビューの内容や水準は監査法人等によって異なってきますが、IPOに向けて必要となる諸課題に関する報告や重要な財務諸表の修正事項に関する指摘等がなされることが一般的です。

その後、監査法人は、財務諸表等に対する監査を通して、財務諸表の適正性に関する監査手続を進めていきますが、その中で必要な管理体制や財務報告体制の整備に関する助言等を行うこともあります。

このように監査法人はIPO準備の過程において、主幹事証券会社とともに重要な役割を果たします。

近年は、IPO件数の増加傾向や監査時間の増加による監査法人等のリソース不足等に起因して、IPO準備を開始して、担当する監査法人を探してもなかなか契約締結に至らないというケースも増えています。そのため、主幹事証券会社の選定と同様にIPO準備開始後早い段階から監査法人等と接触し、選定を進めていくことが重要です。

また、数年前までは新規上場会社の多くは大手監査法人と監査契約を締結していることが多かったのですが、近年は上述のような監査法人のリソース不足を背景に、大手監査法人以外の準大手監査法人やその他の監査法人が監査人となっているケースも大きく増加し、大手監査法人の比率は5割を切るまで低下している状況となっています。

(3) 株式事務代行機関（株主名簿管理人）

株式事務代行機関は会社法123条に定められている株主名簿管理人（株式会社に代わって、株主名簿の作成及び備置きその他の株主名簿に関する事務を行うもの）です。IPO準備においては上場審査基準（形式基準）において、株式事務代行機関の設置が義務づけられています。上場企業では株主が多くなり、株主の動きも頻繁であることから、株主名簿の作成や更新などの株式事務の適切な運営を図るため、証券会社や信託銀行等の株式事務代行機関に

委託することになります。

(4) 証券印刷会社

証券印刷会社は、上場申請時には上場申請のための有価証券報告書（Ⅰの部）等の各種上場申請書類の印刷を行いますが、それだけではなく、その作成のためのシステムの提供、申請書類等の確認・助言なども行います。

そして、上場後も株主総会招集通知や有価証券報告書、決算短信の開示書類をはじめとする開示書類の作成のためのシステムの提供、書類印刷等を行います。

3 企業外部からIPO準備を支援するプレーヤー

(1) 税理士

IPO準備の過程において税理士に求められる役割は変化していきます。税理士はIPOをするか否かにかかわらず、企業の決算や税務申告に関与し、会計税務等の幅広い相談に乗る機会が多くあります。IPO準備において税理士の活躍やアドバイスが求められる事項としては以下のようなものが挙げられます。

① 資本政策の相談

資本政策とは、会社の現在から将来までの資本構成や株主構成についてその変動をもたらす資金調達や株式譲渡等の計画を織り込んでどのように変化していくかをシミュレーションすることをいいます。資本政策は一度実行すると後戻りが難しいという特徴もあり、手法によっては関係者の税負担も考慮要素の一つであることから、税理士としてのアドバイスが期待されます。

② ストックオプションの設計等に関する相談

IPO準備においてストックオプションは、資本政策の一環として、役員・従業員・その他の関係者への付与が検討されますが、ストックオプション税

制等の税務上の取り扱いも重要な検討事項になることから税理士としてのアドバイスが期待されます。

③ 企業会計への対応に伴う論点

一般的に非上場の中小企業では法人税法等の税法を基礎とした会計方針が採用されることが多くあります。一方でIPO準備の過程で監査法人等による財務諸表監査を受けるため、会計方針としては企業会計審議会が公表した企業会計原則や企業会計基準委員会が開発・公表する企業会計基準（企業会計基準）に従う必要があります。企業会計基準に従った処理による収益・費用は必ずしも法人税法における損金・益金と一致するわけではありません。そのため、税務申告において必要な調整を加えることが求められます。すなわち、IPO準備において、税理士は企業会計基準に関する一定の知見を有することが期待されます。

(2) 弁護士・司法書士・社会保険労務士等の専門家

IPO準備において詳細は後述しますが、コーポレート・ガバナンス体制の構築やコンプライアンス体制、内部管理体制等の経営管理体制の整備・強化が必要になります。そのような体制構築の過程で専門的知識の助言や手続を外部の専門家に委託することがあります。具体的には、弁護士や司法書士、社会保険労務士等の専門家が支援することが多くみられます。

弁護士は、取引の適法性に関する法的見解の提供やコンプライアンスに関する確認、法務デューデリジェンスの実施、紛争への対応等を行います。

司法書士は、IPO準備の過程で必要な機関設計の変更に関する登記や、定款の整備、種類株式の設計・登記等の資本政策に関する事項等を行います。

社会保険労務士は、就業規則等の整備や労務デューデリジェンスの実施等のIPO準備で対応すべき労務に関する事項の解決等を行います。

(3) エンジェル投資家／ベンチャーキャピタル（VC）／ CVC（Corporate Venture Capital）

スタートアップ企業は資金力がないことから、その成長のための投資等を行う資金を外部から調達することがあります。資金調達の手法には金融機関からの融資による資金調達（間接金融）やベンチャーキャピタル（VC）からの第三者割当増資による資金調達、CVC（Corporate Venture Capital）からの資金調達等（直接金融）等の手法があります。これらの投資家は、高い成長が見込める企業に対して資金を提供し、その成長をサポートしながら企業価値の向上を目指し、最終的には株式公開（IPO）時のキャピタルゲインの獲得を目的とすることが多く、そのために様々なアドバイスや企業価値向上のための支援やIPOに向けた支援をすることもあります。

一方で、投資家としてキャピタルゲインを目的とし、IPOの実現に向けて会社に対して様々な要求をするため、会社や経営者にとってプレッシャーとなることもあります。

特に成長のために多額の資金が必要な企業にとっては、エンジェル投資家／ベンチャーキャピタル（VC）／ CVC（Corporate Venture Capital）といった投資家との良好な関係性を構築することで成長の速度を上げることも期待できます。

(4) IPOコンサルタント

IPO準備は、一定の期間の中で様々な課題に対処していくことが必要になります。また、諸課題は期日が区切られ、対応が遅れた場合には上場スケジュールにも影響を与えることもあります。

本来は、IPOに向けて社内体制を構築していく中で諸課題への対応を進めていくことになりますが、実務では社内に十分なリソースがない場合や専門的な知見を有する人員がいない場合もあります。このような場合には、外部のIPOコンサルタント等の専門家を利用して対応を進めることもあります。

IPOコンサルタントはその経歴によって得意な業務領域や特徴が異なってきます。以下に代表的なIPOコンサルタントの類型を紹介します。

① 個人事業主である証券会社出身者や公認会計士、IPO経験者等

　個人で独立して事業を行っている証券会社出身者や公認会計士、IPO経験者等のコンサルタントが業務を行います。個人の経験や知識により大きくサービス内容は異なるものの、得意領域に合致した際には深い専門性と機動力が発揮されるのが特徴です。

② 公認会計士が中心となっているアドバイザリーファーム

　受注したプロジェクト単位でファーム内の公認会計士や独立開業している公認会計士等でチームを組成して業務を行います。公認会計士が中心となっているため、企業会計基準の導入支援や決算支援、内部統制構築支援、上場申請書類の作成支援等の会計・監査・開示領域を得意領域とすることが多いのが特徴です。

③ 証券会社出身者が中心となっているアドバイザリーファーム

　証券会社出身のアドバイザーが中心となって業務提供をする組織です。会計にバックグラウンドがあるアドバイザーが中心の会社と異なり、決算・会計や内部統制以外のIPO準備のサポートや上場審査対応等を得意領域とすることが多いのが特徴です。

④ 印刷会社系列や印刷会社出身者が中心となっているアドバイザリーファーム

　印刷会社系列会社や印刷会社出身者が中心となって業務提供をする組織です。印刷会社は、上場申請書類全般に関する知見を有していることが多く特に上場申請書類の作成支援や決算・開示の支援を得意領域とすることが多いのが特徴です。

　IPOコンサルタントを利用することで、IPO準備を効率的・効果的に進めることが可能となるため、IPO準備においてコンサルタントの利用はIPO準備を進める強力な手段です。しかし、本来はIPO準備に必要な課題への対処

は自社で解決すべきです。IPOコンサルタントへの依存度が高くなると上場後も社内にノウハウや体制がないことから、IPOコンサルタントによる支援が継続的に必要となる場合もあります。IPOコンサルタントは一時的な課題の解決手段として考え、自社への内製化を進めること等により依存度を低くしていくという意識が重要であると考えます。

エクイティストーリーと資本政策の検討

1　IPO準備と資本政策

　IPO準備における資本政策とは、株式上場時または株式上場後に目標とする株主構成や資金調達額を達成するために行われる資金調達や株主の異動に関する方針と戦略をいいます。具体的には会社が株式を上場するまでに、いつ、誰に、どのような方法で、いくらで新株を発行、あるいは譲渡していくかを計画することで目標を達成するまでのプロセスの検討となります。資本政策は、一度実行すると後戻りが非常に難しいものであることから、IPO準備の初期段階で資金調達を行う場合や、複数人で共同創業する場合等のように株主構成に影響を与えるイベントが起きる時には将来も見据えた慎重な検討をすることが重要です。

　資本政策を検討するにあたり、以下の３つの要素を考えていくことが重要です。

① 　経営者の持株割合（経営権）

　上場後の株主構成を考慮し、オーナー（もしくは経営陣）がどの程度の持株比率を確保したいかという点は重要な要素となります。

② 　会社の資金調達額

　会社は運転資金や事業拡大のために外部から資金を調達します。資金調達の方法には金融機関等からの融資のように契約により一定期間内で調達した資金の返済が求められる他人資本や原則として返済の必要がない自己資本があります。会社が上場に向けて必要な成長をするための投資資金等を資本家から調達することが考えられます。

　また、上場時は公募によった場合には市場から新たに資金調達を行うこと

となります。これらの資金をどの程度調達し、どのように資金を活用するのかということも重要な要素となります。

③　経営者のキャピタルゲイン（創業者利潤）

　キャピタルゲインとは株主が株式を売却することで得られる株式譲渡益のことです。上場により、創業者であるオーナーを中心とした上場前からの株主は、大きなキャピタルゲインを得ることになります。上場によりどの程度の利益を各株主が得たいかを検討することも重要な要素となります。

　これらの要素はトレードオフの関係にあり、各利害関係者の利害を調整しバランスをとって設計していくことが資本政策では重要な要素となります。

　例えば、株式上場をすると一般的には既存の株主の持株割合は減少します。特に経営者の持株割合の低下は、新規株主の影響力増大により、経営の自由度が低下することとなります。その結果として大胆かつ迅速な意思決定ができなくなるかもしれません。

　一方で経営の自由度を確保するためは、第三者割当による資金調達額の割合を低下させ、代わりに借入金等の有利子負債による資金調達を増やすことが考えられます。その場合、持株割合の低下は一定程度防止されますが、負債は将来返済する必要性があるため、会社の財務の安定性が毀損する可能性があります。このように、資本政策を検討するにあたり、「経営者の持株割合（経営権）」と会社の「資金調達額」との関係性は一種のトレードオフな関係といえ、図示すると以下のようになります。

■経営者の持株割合と資金調達額の関係

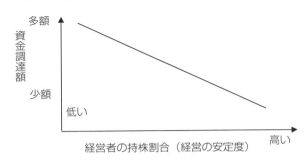

2 エクイティストーリーと資本政策

　資本政策の立案を進めるにあたっては、エクイティストーリーの構築が重要となります。エクイティストーリーとは、投資家に向けて会社の特徴・成長戦略・企業価値の増大の道筋についての説明をするストーリーのことを言い、投資家に自社の魅力を伝え、自社の企業価値を向上させる最も基本的な手段となります。自社のエクイティストーリーに従って必要な資金を必要なタイミングでどのような手段で調達するか検討を進めていくことになります。

　エクイティストーリーの構築にあたっては以下の二点をバランスよく考慮したうえで構築することが必要です。

① 事業の魅力を伝えるストーリー

【潜在的な市場規模の大きさ】

　・潜在的に考えられる市場はどの程度の大きさか（TAM（Total Available Market：商品／サービスの総需要）／SAM（Serviceable Available Market：ターゲットとした市場の規模）の大きさ）

　・今後のその市場はどの程度成長するか（市場の成長率）

【自社技術／サービスの優位性】

　・自社の技術／サービスがその市場においてどの程度優位性を持つか

② 実現可能性のあるストーリー

【事業計画の蓋然性】

　　・無理があり未達になる可能性が高い収益計画になっていないか

　　・成長の余地の残る計画になっているか

　　IPO準備という観点においては、東京証券取引所が公表する「グロース市場における『事業計画及び成長可能性に関する事項』の開示について」が参考になります。エクイティストーリーの構築段階でこれらの項目への記載ができるように検討することが有用です。

　　また、IPOプロセスでは、投資家に伝える事柄は目論見書の範囲内でなければなりません。そのため、本来エクイティストーリーとして伝えたかった項目の記載が目論見書にて漏れることなく、目論見書の記載必要項目と平仄を合わせてエクイティストーリー構築することが必要となります。

▌グロース市場「事業計画及び成長可能性に関する事項」で開示が求められる項目

項目	主な記載内容
ビジネスモデル	■事業の内容：製商品・サービスの内容・特徴、事業ごとの寄与度、今後必要となる許認可等の内容やプロセス
	■収益構造：収益・費用構造、キャッシュ・フロー獲得の流れ、収益構造に重要な影響を与える条件が定められている契約内容
市場環境	■市場規模：具体的な市場（顧客の種別、地域等）の内容及び規模
	■競合環境：競合の内容、自社のポジショニング、シェア等
競争力の源泉	■競争優位性：成長ドライバーとなる技術・知的財産、ビジネスモデル、ノウハウ、ブランド、人材等
事業計画	■成長戦略：経営方針・成長戦略、それを実現するための具体的な施策（研究開発、設備投資、マーケティング、人員、資金計画等） ※事業計画の対象期間については、上場会社各社の事業内容に応じて異なることを想定。
	■経営指標：経営上重視する指標（指標として採用する理由、実績値、具体的な目標値など）
	■利益計画及び前提条件：（中期利益計画を公表している場合）その内容及び前提条件

	■進捗状況：前回記載事項の達成状況、前回記載した事項からの更新内容、次に開示を行うことを予定している時期
リスク情報	■認識するリスク及び対応策：成長の実現や事業計画の遂行に重要な影響を与えうる主要なリスク及びその対応策

3　役職員へのインセンティブ・プラン

　株式上場に向けて、また株式上場後も会社を成長させていくためには、役職員の努力が欠かせません。そのため、役職員へのインセンティブ・プランの導入が有用な手段となります。このインセンティブ・プランとして、役員職員等へのストックオプションの付与が考えられます。株式上場前においては、一般的に行使価格が株式上場後よりも安く設定できるため、資本政策の早い段階でのストックオプション付与は、役職員のインセンティブを高めることにつながります。

　またストックオプションの導入にあたっては税制上の取扱いも重要な判断要素となります。ストックオプション税制は、一定の要件を満たすストックオプションにつき権利行使時の取得株式の時価と権利行使価格との差額に対する給与所得課税を株式売却時まで繰り延べ、株式売却時に売却価格と権利行使価格との差額を譲渡益課税とする制度であり、上場準備のプロセスでは検討されることが多い制度です。

　役職員等へのインセンティブとして、当初のお金の払い込みが不要な無償ストックオプションが付与されることがあります。この場合、通常であれば、この無償ストックオプションを行使しますと、現金として利益を得ていない時期に、給与所得課税が発生してしまいます。手元に現金がないのにキャッシュアウトが生じるという厳しい状況になっており、この状況を放置すると、「インセンティブ」としての効果が減殺されてしまう恐れがあります。

　そこで、一定の要件を満たす場合には、ストックオプションの行使時の給与所得課税は行われず、株式売却時の譲渡益課税のみとされています。

下記は、経済産業省の資料「ストックオプション税制」を参考に作成した
表で、税制適格ストックオプションの主な要件をまとめたものです。

▌税制適格ストックオプションの主な要件

項目	要件
付与の対象	会社及びその子会社の取締役・執行役・使用人 一定の要件を満たす外部協力者（弁護士や専門エンジニア等※） ※社外高度人材活用新事業分野開拓計画の認定に従って事業に従事する外部協力者
発行価格	無償発行
権利行使期間	付与決議日後2年を経過した日から10年を経過する日まで （2023年（令和5年）改正：設立5年未満の非上場会社については、15年を経過する日まで）
権利行使限度額	年間の合計額が1,200万円を超えないこと ※令和6年度改正：権利行使価額について、下記のように計算した金額とする ・付与決議日において設立の日以後の期間が5年未満の場合は、権利行使価額を2で除して計算した金額 ・付与決議日において設立の日以後の期間が5年以上20年未満で、非上場会社又は上場の日以後の期間が5年未満の上場会社の場合は、権利行使価額を3で除して計算した金額
権利行使価額	ストックオプションに係る契約締結時の時価以上の金額＊
譲渡制限	新株予約権は他社への譲渡が禁止
保管委託	行使により取得する株式について金融商品取引業者等の振替口座簿に記載若しくは記録を受け、又はその営業所等に保管の委託若しくは管理等信託がされること ※令和6年度改正：譲渡制限株式については、株式会社により管理がされることでも満たす

＊2023年7月7日に公表された所得税基本通達の改正により、権利行使価額の時価に関する定めの明確化がなされ、一定の条件のもとで財産評価基本通達の178から189-7まで（（取引相場のない株式の評価））の例により算定している場合には、著しく不適当と認められるときを除き、その算定した価額として差し支えないとされました。これにより、純資産法による評価額が時価として認められることとなりました。

08 上場にあたっての審査

1 上場審査等の概要

　一般的に広義の意味での「上場審査」とは、主幹事証券会社の審査部門による「引受審査」と、証券取引所の上場審査部門による「上場審査」の2つの意味で使われています。

　主幹事証券会社による引受審査が行われ、上場会社として相応しい会社であると判断された場合には、主幹事証券会社が「上場適格性調査に関する報告書」を作成し、これを上場申請書類とともに証券取引所に提出することで、証券取引所による上場審査が行われるという関係性にあります。

　それぞれの審査はいずれも上場企業としての適格性に関する調査を行っている点では共通していますが、それぞれの審査目的が異なることからその内容には多少の差異はあります。

　証券取引所による審査期間は、市場区分等によって異なってきますが通常、上場申請から承認まで2〜3か月程度となり、申請会社に対するヒアリング、実地調査、eラーニングの受講、公認会計士ヒアリング、社長（CEO）面談・監査役面談、独立役員面談等を通して審査が進んでいきます。

2 主幹事証券会社による引受審査

　主幹事証券会社による審査は日本証券業協会が定める「有価証券の引受け等に関する規則」「『有価証券の引受け等に関する規則』に関する細則」に従い審査されます。

審査項目		細目
1. 公開適格性	イ	事業の適法性及び社会性
	ロ	会社の経営理念及び経営者の法令遵守やリスク管理等に対する意識
	ハ	反社会的勢力への該当性、反社会的勢力との関係の有無及び反社会的勢力との関係排除への仕組みとその運用状況
	ニ	上場するに当たっての市場の利用目的の健全性
2. 企業経営の健全性及び独立性	イ	関連当事者（企業内容等の開示に関する内閣府令第1条第31号ハにて規定する人的関係会社を含む。）との取引の必要性、取引条件の妥当性
	ロ	親会社等（法人の親会社及び法人が他の法人の関連会社である場合における当該他の法人をいう。以下同じ。）からの独立性
	ハ	関係会社への出資構成及び当該出資先の管理状況
3. 事業継続体制	イ	企業活動における法令遵守の状況及びコンプライアンス体制の整備状況
	ロ	事業推進に必要な知的財産権の保護の状況、他社の権利侵害の状況
	ハ	事業継続に当たって重要な契約の締結状況、権利の確保の状況
4. コーポレート・ガバナンス及び内部管理体制の状況	イ	会社の機関設計の妥当性（会社規模、事業リスク等に照らした機関設計の妥当性をいう。）
	ロ	代表取締役、取締役及び取締役会の責任遂行（指名委員会等設置会社の場合には、代表執行役及び執行役等の責任遂行をいう。）の状況
	ハ	監査役及び監査役会の責任遂行並びに内部監査機能（指名委員会等設置会社の場合には、取締役会、指名委員会、報酬委員会及び監査委員会の責任遂行並びに内部監査機能をいい、監査等委員会設置会社の場合には、監査等委員会の責任遂行及び内部監査機能をいう。）の状況
	ニ	内部管理体制（売上債権管理、予算管理、労務管理及びシステム管理等についての組織及び社内規則の体制をいう。）の運用状況及び牽制機能
5. 財政状態及び経営成績	イ	財政状態の健全性及び資金繰り状況
	ロ	財政状態及び経営成績の変動理由分析
6. 業績の見通し	イ	利益計画の策定根拠の妥当性
	ロ	利益計画の進捗状況
	ハ	企業の成長性及び安定性
	ニ	剰余金の配当に関する考え方

7. 調達する資金の 使途（売出しの 場合は当該売出 しの目的）	イ	調達する資金の使途の妥当性（事業計画との整合等を踏まえ た妥当性をいう。）
	ロ	調達する資金の使途の適切な開示
8. 企業内容等の適 正な開示	イ	法定開示制度及び適時開示制度への適応力
	ロ	事業等のリスク等、企業情報等の開示内容の適正性、開示範 囲の十分性及び開示表現の妥当性
9. その他会員が必 要と認める事項		

3 　上場審査基準（形式要件）

　上場審査基準とは、証券取引所が「有価証券上場規程」等によって定められた上場を審査するための基準となります。上場審査基準は大きく「形式要件」と「実質審査基準」の2つに分かれています。

　このうち、「形式要件」とは、上場するにあたって満たさなければならない定量的な基準をいいます。

　「形式要件」は、各証券取引所内の各市場別で異なってきます。各証券取引所の「形式要件」は、各証券取引所の「有価証券上場規程」もしくはホームページにて、確認することができます。

　下表は東京証券取引所のプライム市場、スタンダード市場及びグロース市場の上場審査基準の形式要件についてまとめたものです。

▌東京証券取引所における形式要件の比較（2023年4月1日現在）

No	項目	プライム市場 への新規上場	スタンダード市場 への新規上場	グロース市場 への新規上場
1	株主数（上場時 見込み）	800人以上	400人以上	150人以上
2	流通株式（上場 時見込み） ※「b. 流通株式時	a. 流通株式数：2 万単位以上 b. 流通株式時価	a. 流通株式数：2 千単位以上 b. 流通株式時価	a. 流通株式数：1 千単位以上 b. 流通株式時価

序章

IPO準備の基礎知識

39

	価総額」については原則として上場に係る公募等の価格等に、上場時において見込まれる流通株式数を乗じて得た額となります。	総額：100 億円以上 c． 流通株式比率：35％以上	総額:10億円以上 c． 流通株式比率：25％以上	総額：5億円以上 c． 流通株式比率：25％以上
3	時価総額（上場時見込み） ※原則として上場に係る公募等の価格等に、上場時において見込まれる上場株式数を乗じて得た額となります。	250億円以上	該当要件なし	
4	公募の実施	該当要件なし		500単位以上の新規上場申請に係る株券等の公募を行うこと（上場日における時価総額が250億円以上となる見込みのある場合等を除く）
5	純資産の額（上場時見込み）	連結純資産の額が50億円以上（かつ、単体純資産の額が負でないこと）	連結純資産の額が正であること	該当要件なし
6	利益の額又は売上高（利益の額については、連結経常利益金額又は連結経常損失金額に非支配株主に帰属する当期純利益又は非支配株主に帰属する当期純損失を加減）	次のa又はbに適合すること a． 最近2年間の利益の額の総額が25億円以上であること b． 最近1年間における売上高が100億円以上である場合で、かつ、時価総額が 1,000億円以上となる見込み	最近1年間における利益の額が1億円以上であること	該当要件なし

		のあること		
7	事業継続年数	3か年以前から株式会社として継続的に事業活動をしていること		1か年以前から株式会社として継続的に事業活動をしていること
8	虚偽記載又は不適正意見等	a. 最近2年間の有価証券報告書等に「虚偽記載」なし b. 最近2年間（最近1年間を除く）の財務諸表等の監査意見が「無限定適正」又は「除外事項を付した限定付適正」 c. 最近1年間の財務諸表等の監査意見が原則として「無限定適正」 d. 新規上場申請に係る株券等が国内の他の金融商品取引所に上場されている場合にあっては、次の(a)及び(b)に該当するものでないこと (a) 最近1年間の内部統制報告書に「評価結果を表明できない」旨の記載 (b) 最近1年間の内部統制監査報告書に「意見の表明をしない」旨の記載		a. 「上場申請のための有価証券報告書」に添付される監査報告書（最近1年間を除く）において、「無限定適正」又は「除外事項を付した限定付適正」 b. 「上場申請のための有価証券報告書」に添付される監査報告書等（最近1年間）において、「無限定適正」 c. 上記監査報告書又は四半期レビュー報告書に係る財務諸表等が記載又は参照される有価証券報告書等に「虚偽記載」なし d. 新規上場申請に係る株券等が国内の他の金融商品取引所に上場されている場合にあっては、次の(a)及び(b)に該当するものでないこと (a) 最近1年間の内部統制報告書に

41

			「評価結果を表明できない」旨の記載 (b) 最近1年間の内部統制監査報告書に「意見の表明をしない」旨の記載
9	登録上場会社等監査人による監査	最近2年間の財務諸表等について、登録上場会社等監査人（日本公認会計士協会の品質管理レビューを受けた者に限る。）の監査等を受けていること	「新規上場申請のための有価証券報告書」に記載及び添付される財務諸表等について、登録上場会社等監査人（日本公認会計士協会の品質管理レビューを受けた者に限る。）の監査等を受けていること
10	株式事務代行機関の設置	東京証券取引所の承認する株式事務代行機関に委託しているか、又は当該株式事務代行機関から株式事務を受託する旨の内諾を得ていること	
11	単元株式数	単元株式数が、100株となる見込みのあること	
12	株券の種類	新規上場申請に係る株券等が、次のaからcのいずれかであること a．議決権付株式を1種類のみ発行している会社における当該議決権付株式 b．複数の種類の議決権付株式を発行している会社において、経済的利益を受ける権利の価額等が他のいず	新規上場申請に係る内国株券が、次のaからcのいずれかであること a．議決権付株式を1種類のみ発行している会社における当該議決権付株式 b．複数の種類の議決権付株式を発行している会社において、経済的利益を受ける権利の価額等が他のいずれかの種類の議決権付株式よりも高い種類の議決権付株式 c．無議決権株式

		れかの種類の議決権付株式よりも高い種類の議決権付株式 c. 無議決権株式	
13	株式の譲渡制限	新規上場申請に係る株式の譲渡につき制限を行っていないこと又は上場の時までに制限を行わないこととなる見込みのあること	
14	指定振替機関における取扱い	指定振替機関の振替業における取扱いの対象であること又は取扱いの対象となる見込みのあること	
15	合併等の実施の見込み	次のa及びbに該当するものでないこと a. 新規上場申請日以後、基準事業年度の末日から2年以内に、合併、会社分割、子会社化若しくは非子会社化若しくは事業の譲受け若しくは譲渡を行う予定があり、かつ、申請会社が当該行為により実質的な存続会社でなくなる場合 b. 申請会社が解散会社となる合併、他の会社の完全子会社となる株式交換又は株式移転を基準事業年度の末日から2年以内に行う予定のある場合（上場日以前に行う予定のある場合を除く。）	該当要件なし

　形式要件は各市場の特徴と密接に関連するため、市場間で相違がみられる箇所があります。

　例えばプライム市場は、『時価総額が大きい企業が対象』という特徴があります。そのため、スタンダード市場、グロース市場にはない形式要件として、「時価総額基準」が設けられています。

　また、グロース市場は、『将来性を期待されたベンチャー企業が対象』という特徴があります。そのため、同取引所のプライム市場やスタンダード市場と異なり、企業としての安定性を示す指標のひとつである売上高や利益の実績数値に係る形式要件が課されておりません。そのため、グロース市場の場合には赤字上場企業が存在することになります。

4　上場審査基準（実質審査基準）

　上場審査基準のうち、「実質審査基準」とは、企業が上場企業として適格かどうかを審査するための定性的な基準となります。上場をするためには、「形式要件」を充足していることを前提に、当実質審査基準をクリアする必要があります。

　「形式要件」同様、「実質審査基準」の審査項目については、各証券取引所の「有価証券上場規程」もしくはホームページにて、確認することができます。

　下表は東京証券取引所のプライム市場、スタンダード市場及びグロース市場の上場審査基準の「実質審査基準」の審査項目についてまとめたものです。

　審査項目とその内容は、「形式要件」同様、各市場の特徴に応じて、市場ごとで異なっています。

　例えば、プライム市場やスタンダード市場に上場しようとしている企業の特徴としては、すでに安定的な収益構造を有しています。そのため、プライム市場やスタンダード市場における審査項目として「企業の継続性及び収益性」が設けられています。

　一方、グロース市場は将来性のあるベンチャー企業が上場しているという特徴があります。そのため、プライム市場やスタンダード市場における審査項目「企業の継続性及び収益性」はなく、将来の成長性を記載した「事業計画の合理性」が審査項目に追加されています。

▌東京証券取引所における実質審査基準の比較（2022年4月4日現在）

プライム	スタンダード	グロース
企業の継続性及び収益性	**企業の継続性及び収益性**	**事業計画の合理性**
継続的に事業を営み、安定的かつ優れた収益基盤を有していること	継続的に事業を営み、かつ、安定的な収益基盤を有していること	相応に合理的な事業計画を策定しており、当該事業計画を遂行するために必要な事業基盤を整備していること又は整備する合理的な見込みのあること
企業経営の健全性	**企業経営の健全性**	**企業経営の健全性**
事業を公正かつ忠実に遂行していること	事業を公正かつ忠実に遂行していること	事業を公正かつ忠実に遂行していること
企業のコーポレート・ガバナンス及び内部管理体制の有効性	**企業のコーポレート・ガバナンス及び内部管理体制の有効性**	**企業のコーポレート・ガバナンス及び内部管理体制の有効性**
コーポレート・ガバナンス及び内部管理体制が適切に整備され、機能していること	コーポレート・ガバナンス及び内部管理体制が適切に整備され、機能していること	コーポレート・ガバナンス及び内部管理体制が、企業の規模や成熟度等に応じて整備され、適切に機能していること
企業内容等の開示の適正性	**企業内容等の開示の適正性**	**企業内容、リスク情報等の開示の適切性**
企業内容等の開示を適正に行うことができる状況にあること	企業内容等の開示を適正に行うことができる状況にあること	企業内容、リスク情報等の開示を適切に行うことができる状況にあること
その他公益又は投資者保護の観点から東証が必要と認める事項	**その他公益又は投資者保護の観点から東証が必要と認める事項**	**その他公益又は投資者保護の観点から東証が必要と認める事項**

上場後のフォローアップ制度と上場廃止

1 上場後のフォローアップ制度

　各証券取引所では、新規上場を果たした会社に対し、上場後の一定期間（例えば東京証券取引所のプライム市場及びスタンダード市場の場合は概ね1年間、グロース市場の場合は概ね3年間）、上場審査で確認した事項等を中心に継続的なフォローアップを行う制度を設けています。

　上場後間もない企業が投資家からのプレッシャーからコストカットをしなければならなくなった場合、本業とは直接関連の薄い管理部回りのコスト削減や内部統制を弱体化させるほどの業務の過度な簡素化を行ってしまうかもしれません。その結果、上場前の管理状況が脆弱な状況にもどってしまうことにより、上場廃止だけではなく、市場全体の信頼性を揺るがしかねない不祥事を引き起こしてしまうかもしれません。

　当制度の目的は、各企業に対し、上場後においても適切な行動を継続的に行うことを促すことで、上記のような事態を防止することにあります。

2 上場廃止

　上場廃止とは、上場銘柄が、証券取引所の定める上場廃止基準に該当したり、上場会社が自主的に上場廃止申請を行ったりすることで、同銘柄が取引所で売買できなくなることをいいます。

　下表は東京証券取引所の上場廃止基準をまとめたものです。なお、上場廃止基準は、プライム、スタンダード及びグロース共通の基準となります。以下のいずれかに該当した場合、上場廃止となります（有価証券上場規程第

601条第 1 項第 1 号～20号）。

▌東京証券取引所における上場廃止基準の比較

No	項目	上場廃止基準（各市場共通）
1	上場維持基準への不適合	上場維持基準に適合していない場合において、適合しない状態となった時から原則として1年（上場維持基準の売買高の場合は6か月）（注）内に上場維持基準に適合しなかったときは、上場廃止となります。 なお、上場維持基準に適合しない状態となった場合は、当該状態となった時から起算して3か月以内に、原則として1年（上場維持基準の売買高の場合は6か月）（注）内に上場維持基準に適合するための取組み及びその実施時期を記載した計画の提出が必要になります。 （注）上場維持基準の項目のうち、「流通株式比率」、「純資産の額」については例外規程があります。
2	有価証券報告書等の提出遅延	監査報告書又は四半期レビュー報告書を添付した有価証券報告書又は四半期報告書を法定提出期限の経過後1か月以内に提出しない場合（有価証券報告書等の提出期限延長の承認を得た場合には、当該承認を得た期間の経過後8日目（休業日を除外する。）までに提出しない場合）
3	虚偽記載又は不適正意見等	a．有価証券報告書等に虚偽記載を行った場合であって、直ちに上場を廃止しなければ市場の秩序を維持することが困難であることが明らかであると当取引所が認めるとき 又は b．監査報告書又は四半期レビュー報告書に「不適正意見」又は「意見の表明をしない」旨等が記載された場合であって、直ちに上場を廃止しなければ市場の秩序を維持することが困難であることが明らかであると当取引所が認めるとき
4	特別注意銘柄等	a．特別注意銘柄の指定要件に該当するにもかかわらず、内部管理体制等が適切に整備される又は適切に運用される見込みがないと当取引所が認める場合 又は b．特別注意銘柄への指定後において、内部管理体制等が適切に整備される又は適切に運用される見込みがなくなったと当取引所が認める場合 又は c．特別注意銘柄への指定から1年経過後の審査までに、内部管理体制等が適切に整備されていると認められない場合又はその後

		に迎える事業年度の末日以降の審査までに、内部管理体制等が適切に運用されていると認められない場合 又は d. 特別注意銘柄への指定後において、内部管理体制等が適切に整備され、運用されていると認めたものの、経過観察の対象として、特別注意銘柄の指定を継続された後、内部管理体制等が再び適切に整備され、運用されていると認められない状態となった場合
5	上場契約違反等	a. 上場会社が上場契約に関する重大な違反を行った場合、新規上場申請等に係る宣誓事項について重大な違反を行った場合又は上場契約の当事者でなくなることとなった場合 又は b. 上場会社が新規上場の申請に係る宣誓書において宣誓した事項について違反を行い、新規上場に係る基準に適合していなかったと当取引所が認めた場合において、1年以内に新規上場審査に準じた上場適格性の審査に適合しないとき
6	その他	銀行取引の停止、破産手続・再生手続・更生手続、事業活動の停止、不適当な合併等、支配株主との取引の健全性の毀損（第三者割当により支配株主が異動した場合）、株式事務代行機関への不委託、株式の譲渡制限、完全子会社化、指定振替機関における取扱いの対象外、株主の権利の不当な制限、全部取得、株式等売渡請求による取得、株式併合、反社会的勢力の関与、その他（公益又は投資者保護）

　なお、上記項目1において、「上場維持基準」があります。上場維持基準とは、上場会社が継続的に維持することが求められる基準となります。すなわち、新規上場後にこの維持基準が満たされなかった場合には上場廃止となるため、上場会社は新規上場後これらの基準に抵触しないように様々な施策を講ずることになります。

　下表は東京証券取引所のプライム市場、スタンダード市場及びグロース市場の上場維持基準について、まとめたものとなります。

■東京証券取引所における上場維持基準の比較（2022年4月4日現在）

No	項目	プライム市場の内容	スタンダード市場の内容	グロース市場の内容
1	株主数	800人以上	400人以上 <経過措置> 150人以上	150人以上
2	流通株式	a. 流通株式数2万単位以上 b. 流通株式時価総額100億円以上 c. 流通株式比率35%以上 <経過措置> a. 流通株式数1万単位以上 b. 流通株式時価総額10億円以上 c. 流通株式比率5%以上	a. 流通株式数2千単位以上 b. 流通株式時価総額10億円以上 c. 流通株式比率25%以上 <経過措置> a. 流通株式数500単位以上 b. 流通株式時価総額2.5億円以上 c. 流通株式比率5%以上	a. 流通株式数1千単位以上 b. 流通株式時価総額5億円以上 c. 流通株式比率25%以上 <経過措置> a. 流通株式数500単位以上 b. 流通株式時価総額2.5億円以上 c. 流通株式比率5%以上
3	売買代金	1日平均売買代金が0.2億円以上 <経過措置> 月平均売買高40単位以上	月平均売買高が10単位以上	
4	時価総額	該当要件なし		40億円以上（上場10年経過後から適用） <経過措置> 5億円以上（上場10年経過後から適用）
5	純資産の額	純資産の額が正であること		

※1　上場維持基準の項目のうち、「流通株式比率」、「純資産の額」については例外規程があります。

※2　以下の条件を満たす上場株券等の発行者は、上場維持基準に係る経過措置が適用されます。

　■2022年4月3日において上場している株券等の発行者（ただし、次に掲げる事項に該当する発行者は除く）

　1. 新市場区分の選択に際して、新規上場審査と同様の審査手続を実施した銘柄の発行者

　2. 2022年4月4日以後に市場区分の変更を行った銘柄の発行者

　3. 2022年4月3日において特設注意市場銘柄に指定されている銘柄又は2022年4月4日以後に特設注意市場銘柄又は呼称変更後の特別注意銘柄へ指定された銘柄の発行者

■上場維持基準に適合しない状態となった場合、上場維持基準に適合するための取組み及びその実施時期を記載した計画の開示を行い、当該計画の進捗状況を事業年度末日から3か月以内に開示する場合

第 **1** 章

会社を成長させ、
株式上場を達成する
計画の策定

An investment in knowledge pays the best interest.

事業計画・予算統制

STEP1 事案から上場ルールを理解する

1 上場した直後に業績予想が下がるリスク

　会社が継続的に事業を営み安定的に成長していくためには、自社の事業計画を合理的に策定する必要があり、さらにその計画数値を達成するための施策の実行や予実管理が重要となってきます。そのため、上場審査においては予算管理に関して特に厳格な審査を受けることとなります。上場後間もない時期に業績予想を大幅に下方修正したことによって、市場からの信頼を大きく損ねてしまった事案を紹介します。

 上場直後に業績予想を大幅に下方修正したgumi

背景

　株式会社gumiは2014年12月18日に当時の東証一部に上場を果たした。
　しかし、上場から2か月半経過した2015年3月5日の開示にて、業績予想を売上高・利益共に大幅に下方修正するリリースを行った。
　さらに、業績予想修正の翌日の3月6日には運転資金として30億円の新規借入れを行うことが公表され、3月27日には希望退職者を募集することを明らかにした。なお、新規借入れは2015年1月27日に決議されており、開示の遅延となっている。

株式上場から約3か月でリストラを断行するまで経営状態が急速に悪化していた事例である。

　その結果、公開価格3,300円であった株価は2015年3月27日には1,618円まで急落し、その後10年近く経過した本書の執筆時においても公開価格まで株価は回復していない。

▌株式会社gumiの連結業績予想数値の修正（2014年5月1日～2015年4月30日）

	売　上　高	営　業　利　益	経　常　利　益	当期純利益	1株当たり当期純利益
前回発表予想（A）	百万円 30,972	百万円 1,329	百万円 1,277	百万円 808	円銭 31,30
今回修正予想（B）	26.500	△400	△600	0	0.0
増　減　額（B－A）	△4,472	△1,729	△1,877	△808	△31.30
増　減　率（％）	△14.4%	－	－	△100.0%	△100.0%
（参考）前期実績 （2014年4月期）	11,192	△102	△168	△184	△10.83

　株式上場という観点からは、上場審査において「事業計画が、そのビジネスモデル、事業環境、リスク要因等を踏まえて、適切に策定されていると認められること」が厳しく審査される。本件のように上場後極めて短期間に大幅な下方修正が起きたことで、上場審査に問題がなかったのか、社会からの疑念が向けられることとなった。

原因・問題点

　プレスリリース等の公開情報によると、本事案の原因としては以下のようなものが挙げられている（本事案に関して株式会社gumiは第三者委員会等の調査を行っていない）。

　新規上場時の審査においては、会社が提供する個別タイトルのKPIを主幹事証券及び東京証券取引所に共有し、2014年12月18日に公表した2015年4月期業績予想の売上計画、費用計画の前提条件の説明を実施し、主幹事証券及び東証からの指導に基づく適切な審査プロセスを受けていた。

　一方、2015年3月15日に公表した下方修正に至った経緯は、業績見込みを精査したことによる。具体的には同年1月までの累計業績は、当初計画比、

売上高で約95%の進捗となっており、概ね当初計画通りに推移していたものの、同年2月に入り、主力タイトルであるスマホゲーム「ブレイブ フロンティア」の海外言語版の月次利用者数の弱含み、パブリッシング事業の立ち上がりの遅れ、また一部海外向けタイトルの不発等が確認された。また、オウンドメディアの中で、当時はまだスマホゲームの歴史が浅かったこともあり、結果論ではあるが売上の下落リスクを十分に織り込めておらず、また、予算管理では、スマホゲーム市場の急拡大といった市場環境を踏まえ、保守的な予測はしていなかった。

さらに本質的な原因として、当時は、「現場のことは現場の管掌役員任せ」といった完全な縦割りとなっており、加えて、役員同士の関係性があまり良いとは言えずうまく連携ができていなかったことにより、管理部門を管掌するCFOが現場で起こっていることをほとんど理解できていなかったとしている。

事案の与えた影響

本事案以外にも、株式会社gumiほどの影響はなかったものの、複数社で上場後に業績を下方修正する事案があった。これらの事案を受けて、株式会社日本取引所グループは、上場審査の厳格化に取り組むことを決め、日本証券業協会、日本公認会計士協会あてに「新規公開の品質向上に向けた対応のお願い」を文書で要請し、証券会社や監査法人に対して審査の厳格化を促した。

本事案が発生する以前においても事業計画の合理性や予実管理は、上場審査における重要な審査項目であったが、これらの事案を機に改めてより慎重な審査が行われるようになった。

STEP2 実務における重要ポイントを確認する

2　チェックシート　事業計画・予算統制の構築

　事業計画は、投資家が投資意思決定を行ううえで非常に重要な情報です。また、IPO準備を進める中では、将来どのような事業計画を描き成長していくのか、どの程度の資金調達がどのタイミングで必要となるのか、市場においてどの程度の調達額（株価）が想定されるのかといった事項を判断する前提となる情報でもあるため、IPO準備を進める初期段階から作成に着手し、ブラッシュアップしていくことが重要となります。

　下表は、事業計画・予算統制構築の代表的なチェックポイントをまとめたものになります。

CheckSheet

Ⅰ　事業計画

Check!
□　単年度の予算ではなく、将来の期間にわたる中期事業計画を作成していますか。また中期事業計画は計数計画に落とし込まれていますか。

　上場審査においては企業が高い成長性を有しているか、安定かつ継続的な収益基盤を有しているかを確認するため事業計画が確認されることになります。事業計画は単なる単年度予算や着地予測というものではなく、会社の将来進むべき道筋を示した中期的なものであることが必要です。

Check!

☐ 事業計画の基礎となるビジネスモデルは、経済的合理性の観点から十分な検討が行われていますか。

　事業計画は単に会社の思いを示すものではなく、一定の根拠やデータ等に基づいて合理的に作成されている必要があります。

　例えば、自社のビジネスモデルの特徴（強み・弱み）、業界の現状及び展望、競合他社の動き、対象市場の規模や成長度合い、製商品・サービスの需要動向、原材料市場等の動向、主要な取引先の状況、法的規制の状況等の事業展開に際して考慮すべき諸要素を踏まえて合理的に策定していることが必要です。

Check!

☐ 事業計画を達成するうえでのリスク要因を合理的に説明できますか。

　会社の事業活動を行っていくうえで、立案した事業計画通りに遂行されないこともあります。事業計画は多くの仮定や前提に基づき策定され実行されるため、事業計画の実行・結果に影響を与えるリスクについてはきちんと検討し、リスクが顕在化した場合には適時に対応、修正をできるような体制の整備が必要となります。

Check!

☐ 立案した事業計画を遂行するために必要となる事業基盤は整備されていますか。現時点で整備されていない場合は、上場後において（上場時の調達資金等により）整備される合理的な見込みはありますか。

　事業計画の遂行にあたっては、その立案時点で会社が保有している経営資源だけでは不十分であることがあります。事業計画の遂行に必要な営業人員や研究・開発人員等の人的資源、事業拠点や設備等の物的資源、投資資金等の金銭資源など各種経営資源等が必要な時点で整備

56

される合理的な見込みがあることが重要です。

Ⅱ　予算管理

Check!

☐ 経営者が会社の状況を計数的に正確に把握していますか。

　事業計画は各事業年度の計数計画に落とし込まれることが必要です。経営者は計数計画に対してその実績を把握することによって、事業計画が当初の思惑通りに進んでいることを把握できます。

Check!

☐ 予算と実績及びその比較分析、その他の経営情報を通じて、
適時・適切な経営判断を行うことができますか。

　年度計画は月次の予算として分解され、実績と比較されることによってその達成状況が分析されます。また、月次の実績は単に財務数値だけではなく、重要経営指標（KPI）に落とし込まれ分析されることでより適切な実績の把握とそれに対応した経営判断を行うことができます。ただし、予算と実績の乖離幅が非常に大きい場合や予算修正の回数が多い場合には、その要因等を踏まえ、一定の運用期間が求められることがあります。

Check!

☐ 月次の業績及び事業の状況の把握を早期に行うことができま
すか。

　事業計画や予算が計画通りに進捗していない場合には、適時・適切にその原因を分析し、必要な対応策の立案や計画の修正を行うことが必要です。
　適時にこのような対応をするためには、月次の業績や事業の状況はできる限り早期に把握され、経営者に報告される仕組みを構築することが重要です。

Check!

☐ 予算は実績を踏まえ適切なタイミングで修正されていますか。

　上場審査においては予算（利益計画等）を含む事業計画を修正する
か否かの判断が、適切に行われているかを確認されます。仮に自社に
おける修正基準を超える予実乖離が生じているにも関わらず、合理的
な理由なく修正を見送っているような場合は問題となる場合がありま
す。

Check!

☐ 修正後の予算は原因分析を踏まえて合理的に策定されていま
すか。

　上場審査においては新たな事業計画が、修正に至った原因を踏まえ
て適切に策定されているかが確認されます。例えば、大型案件の失注
や開発遅延が原因であれば、当該失注や遅延の原因を踏まえ、他の案
件に影響がないか検証しているか、新規成約率や解約率など売上計画
の前提となる重要な KPI に変化が出ている場合は、適切に修正計画に
反映しているかなどが確認されます。

STEP3　ルールをさらに詳しく知る

3　上場審査と事業計画・予算統制

　投資家は企業が公表する事業計画等に基づき投資意思決定を行います。事業計画に基づく投資意思決定を誤らないためには、事業計画が一定の蓋然性を有していることが重要になります。そのため、上場審査においては事業計画策定の前提や策定プロセスの適切性が確認されるとともに、業績動向を的確に把握するための予算と実績及びその比較分析がなされ、将来予測情報に修正の必要があるかどうか、修正の必要がある場合にはどのような修正をするのかが把握できる体制を構築しているかが確認されます。

　具体的には各市場においては以下のように事業計画の合理性が審査されます。

グロース市場
事業計画の合理性
相応に合理的な事業計画を策定しており、当該事業計画を遂行するために必要な事業基盤を整備していること又は整備する合理的な見込みのあること
(1)　事業計画が、そのビジネスモデル、事業環境、リスク要因等を踏まえて、適切に策定されていると認められること
(2)　今後において安定的に相応の利益を計上することができる合理的な見込みがあること
(3)　経営活動が、安定かつ継続的に遂行することができる状況にあること
スタンダード市場、プライム市場
企業の継続性及び収益性
継続的に事業を営み、安定的かつ優れた収益基盤を有していること
(1)　事業計画が、そのビジネスモデル、事業環境、リスク要因等を踏まえて、適切に策定されていると認められること
(2)　今後において安定的に相応の利益を計上することができる合理的な見込みがあること

(3) 経営活動が、安定かつ継続的に遂行することができる状況にあること

4 上場審査における事業計画の作成の留意事項

IPO準備の過程で事業計画を策定するには、申請する市場にもよりますが、グロース市場の場合には事業計画において自社の事業の成長性について訴求することが重要となります。具体的には、マーケット自体の成長性や、自社商品やサービスの独自性・成長性を具体的な根拠に基づいて合理的に説明できることが求められます。

また、事業計画は単に利益計画のみを作るのではなく、販売計画・研究開発等の投資計画・購買計画・製造計画・人員計画・資金繰り計画等の基礎となる企業行動の計画に落とし込まれ、整合性があり、一貫していることも重要です。例えば、売上が急成長する計画を立てた場合に、必要な投資や人員の採用が計画に織り込まれていないこともあります。そのような場合には事業計画の実現可能性に疑義が生じます。また、必要な投資等を織り込んだ場合に、その計画を実行すると資金が不足する状態になることもあります。その場合には、新規の増資や融資といった資金調達を計画に織り込む必要があります。

また、一般的には事業計画は「外部環境分析」「内部環境分析」を通して自社の「強み」「弱み」「機会」「脅威」を把握し、そこから自社の競争優位を活かした経営戦略を立案し、それを実現するための営業戦略、投資計画、人員計画、財務計画に落とし込んでいくことで策定されます。

事業計画は、会社の成長を達成するために行う経営戦略とそのための活動を明確に示したものです。社内外の市場環境や自社の強み等を理解し、具体的な目標と達成するための道筋を明確にすることで、経営の効率化とリスクの低減を実現します。

事業計画の策定プロセスは様々ありますが、一例を示すと以下のように進めていきます。

▌事業計画の策定プロセス（例）

経営理念・ビジョン

内部環境分析

▽自社の強み・弱みの把握
▽経営資源 の分析

人材、組織、資金、技術、製品・サービス

▽過去の事業実績分析

外部環境分析

▽市場の機会・脅威の把握
▽市場規模、成長率、トレンド分析（PEST 分析）
▽競合企業の分析（5 フォース分析）
▽顧客ニーズ、購買行動分析
▽技術革新、法規制の影響

SWOT 分析

	プラス要因	マイナス要因
内部環境分析	強み Strengh	弱み Weekness
外部環境分析	機会 Opportunity	脅威 Threat

経営基本戦略

▽長期的な視点での目指すべき事業の姿、事業ドメイン、ターゲット市場、自社のポジショニング、顧客の定義等を明確にし、自社の基本的な経営戦略を立案する

事業戦略

▽競争優位性を活かし、市場シェア拡大、新規顧客獲得、収益向上のための具体的な営業戦略、投資計画、人員計画、財務計画への落とし込みを行う

実行とモニタリング

▽定期的に計画と実績を比較し、乖離の理由に関する分析・評価を行う
▽評価の結果に基づき、計画の見直しと改善計画を立案する

5　事業計画作成上の留意点

種別	内容
販売計画（売上）	販売実績に乏しい場合、販売先の確保の見通しがありますか。
	市場環境（市場規模やシェア・競合状況）及び申請会社の製商品・サービス・開発品等の特徴から、販売計画を合理的に説明できますか。
	今後の販売拡大が、過去実績を大きく上回る傾向となることを計画している場合、その要因を合理的に説明できますか。
	販売計画の前提となる事象（例えば、販売パートナーとの契約締結や許認可の取得など）が存在する場合、当該事象が整備されていること（又はその見込み）について説明できますか。
投資計画（費用）	投資（P/L に計上されるもの（人件費や広告宣伝費等）も含みます）によって見込まれる効果（例えば、販売数量の増加や原価の低減、研究開発投資による新製品や新サービスの開始など）を事業計画に織り込んでいる場合、当該効果は合理的に見積もられていますか。
	投資の期間について、投資方針の変更や投資継続の判断に係る考え方を踏まえて合理的に説明できますか。
	今後、投資を急激に縮小又は変更する予定がある場合、その影響を合理的に説明できますか。
資金計画	資金計画において上場時の調達資金の比重が大きい場合、調達額が想定を下回った際のバックアッププランや事業計画の変更・縮小について、その影響を含め、十分な検討が行われていますか。

6　ディープテック企業のグロース市場上場における審査

　ディープテック企業とは宇宙、素材、ヘルスケアなど、先端的な領域において新技術を活用して新たな市場の開拓を目指す研究開発型企業とされます。

　ディープテック企業が製品化・サービス化に至らない段階で上場を目指す場合、新たな市場をこれから開拓しようとしており、かつ技術開発及びビジネスモデルの確立が途上であることから、事業計画の合理性の評価の前提となる事業環境やビジネスモデルの内容、事業計画を遂行するために必要な事

業基盤の整備見込みの確認手段が限られるなど、事業計画の合理性の評価が相対的に困難な場合も考えられます。

　しかし、機関投資家から大規模に資金を調達することで上場までに相応の企業規模となっており、上場時も機関投資家を中心に大規模な資金調達を行う場合には、投資家評価などを前提に事業計画の合理性を確認することで、グロース市場への上場が可能となります。具体的には、既存の機関投資家からビジネスモデルや事業環境の評価をヒアリングし、主幹事証券会社を通じて上場承認までに行われるインフォメーション・ミーティングなどにおける機関投資家の評価等を確認するなどの手法が活用されます。

7　IPOとM&A

　IPO準備を進めていくなかで「IPO準備期間中においてM&Aによる子会社の取得やグループ会社の売却等を行ってよいのか」といった疑問が出てきます。この点、IPO準備期間中にM&Aを実施しないことを求める規制はなく、IPO準備中にM&Aを行っている事例は多くあります。

　下表は2023年における東京証券取引所グロース市場・スタンダード市場へ上場した企業（予定を含む）の各事業年度におけるM&A実施件数をまとめたものです。有価証券報告書への記載事項のみをもとに集計しており、またM&Aが複数の取引により実行されるケース等単純な集計ができないものもあるため、必ずしも正確な件数ではありませんがトレンドとして見てもらうと、直前期（n-1期）や申請期（n期）においても件数は少ないもののM&Aが実行されていることがわかります。

▌IPO準備期間中におけるM&A件数

2023年にグロース市場・スタンダード市場へ上場した企業（予定を含む）の各事業年度におけるM&A実施件数（全92社）

大分類	中分類	申請期 （n期）	直前期 （n－1期）	直前々期 （n－2期）	n－3期	n－4期
グループ 会社化	株式取得（追加 取得、増資含む）	6社	8社	18社	17社	11社
	事業譲受	1社	4社	4社	1社	2社
	その他組織再編		3社	2社	2社	1社
	合計	7社	15社	24社	20社	14社
グループ内 再編	子会社等の 新規設立	5社	10社	16社	9社	9社
	その他 グループ内再編	6社	4社	11社	6社	22社
	合計	11社	14社	27社	15社	31社
連結の範囲 からの離脱	株式譲渡	3社	1社	4社	2社	
	事業譲渡			1社		1社
	清算		3社	3社	2社	1社
	合計	3社	4社	8社	4社	2社

　このように、上場申請期も含め、IPO準備期間中のM&Aの実施は不可能ではないことがわかります。しかし、IPO準備期間中は経営管理体制の構築等を並行して進めることから、M&Aの実行については慎重に検討することが必要でしょう。

　具体的には以下のような事項に留意してM&Aを検討します。

(1)　買収ありきで進めず適切な意思決定プロセスを経て検討を進める

　IPO準備期間中は従前の同族経営からパブリックカンパニーへの変革を進めていく途上にあることから、経営意思決定におけるオーナー経営者の影響力が非常に大きいことが多くみられます。そのような中で、M&Aの機密性に鑑みてオーナー経営者の人脈等を通じて買収案件が持ち込まれ、オーナー経営者による検討が秘密裡に進み、トップダウンで突如として買収案件が発生する場合が見られます。

このような場合にオーナー経営者の意向が強いことから、社内において十分な検討がなされず買収ありきでM&Aが実行されてしまうこともあります。

　しかし、M&Aの実行は会社の事業戦略やエクイティストーリーとの関係において当該M&Aが整合的であるか、PMIの円滑な実行が行えるか適時開示等のディスクロージャー制度に対応できる体制であるか等を十分に検討したうえで進めることが重要です。買収ありきでM&Aが実行された場合には、上場審査において十分な管理体制が構築されないと判断される可能性や、上場後に問題が発生する場合があるため慎重に検討を進めることが必要です。

　具体的には、役員を始めとした経営幹部には遅くとも基本合意書の締結や意向表明書の提出の前には情報が共有され、組織的にその必要性や影響、買収価額の妥当性等の検討をすることが必要です。また、併せて監査法人や主幹事証券会社等のIPO準備における重要なプレーヤーには適時に相談し、IPO準備に与える影響や、買収検討の留意点等を協議することも重要です。

　※　基本合意書：買収希望価格や従業員等の待遇、独占交渉権の付与等のようにM&Aの実行に関わる重要な事項が記載され、買主と売主との間で合意事項を双方に確認する覚書
　※　意向表明書：基本合意書の締結に代えて、買主から売主に対して差し入れられる主要条件等を明記した書面（なお、売主は買主に対して応諾書を差し入れる）

(2)　適切なデューデリジェンスの実施

　たとえ、オーナー経営者により持ち込まれた案件であっても、M&Aによるリスクや影響を会社として十分に検討したうえで意思決定を行うことが必要です。M&Aにおいて投資意思決定をするために必要な情報を入手するために行う必要な調査をデューデリジェンスといいます。

　デューデリジェンスは限られた時間、限られた資料の確認によって行われるため闇雲に行うべきではありません。基本合意が形成されるまでに入手した情報や当該M&Aによりどのような効果を期待しているかといった背景事情を踏まえて、必要な手続を検討して実行する必要があります。例えばデューデリジェンスの実行における検討としては以下のような事項が挙げられます。

　・事業計画策定に影響を与える事項の把握

・バリュエーションの基礎情報の入手

・株式譲渡契約への織り込み事項の把握

・ディールブレーカー（M&Aを中止すべきと判断する事項）の発見

・PMI（Post Merger Integration：M&A成立後の統合プロセス）に資する情報の把握

・（特に財務デューデリジェンスにおける）会計上の影響事項の把握

　また、デューデリジェンスは原則として会社が行う作業ですが、短期間で多くの事項を検討する必要性からその一部を外部の専門家に委託する場合があります。デューデリジェンスは財務デューデリジェンス、税務デューデリジェンス、ビジネスデューデリジェンス、法務デューデリジェンス、労務デューデリジェンス、環境デューデリジェンス、ITデューデリジェンス等様々な分野があります。M&Aの実行においてはこれらすべての検討をする必要はなく、また専門家に必ずしも委託する必要はないことに留意が必要です。

(3)　適切なバリュエーションと意思決定過程の明確化

　買収条件のうち、特に買収価格の決定は非常に重要です。すなわち、M&Aは会社にとって重要な投資であり、会社は買収による一定の効果を期待したうえで対価を支払い、株式を取得します。すなわち、買収価額が投資から得られる効果に対して適切な価格でない場合には、当該投資は会社にとって将来損失を発生させることになります。

　そのため、M&Aにおける意思決定は通常であれば取締役会による決議事項となり、各取締役は善管注意義務を果たし、買収価格等の条件について十分な検討を行うことが求められます。

　また、その際に取締役が最終的な投資意思決定を行うための判断材料として専門家によるバリュエーションレポート（株式価値算定書）を入手することがあります。すなわち、専門家が一定の仮定や前提に基づいて買収対象会社の株式価値を評価し、その評価結果を踏まえた買収価格であれば合理的な買収価格であると判断するための一つの判断材料となるということです。

　ただし、バリュエーションは、事業計画による将来収益の予測等のように

一定の仮定や前提に基づいて算出されるものであるため、算定の基礎とされた仮定や前提情報の適切性については十分な判断がされていない場合もあります。そのため、取締役はバリュエーションレポートを入手していることのみをもって適切な買収価格であると判断すべきではなく、各取締役が自ら検討をし、判断することが重要です。

| | | 第 **1** 章　会社を成長させ、株式上場を達成する計画の策定 |

Case02　M&Aが原因で決算短信の提出が遅延し、監理銘柄になった
テクノロジーズ

背景

　株式会社テクノロジーズは、2023年1月26日に東証グロース市場に上場
を果たした。そして上場直後から、立て続けにM&Aを実行した。

2023年2月　株式会社エコ革のM&A検討開始

2023年7月27日　株式会社エコ革の34%の株式を取得し子会社化（実質
支配）

2023年7月31日　株式会社OGIXの49.9%の株式を取得し子会社化

単位：千円

	テクノロジーズ	エコ革	OGIX
事業年度	2023年1月期	2022年9月期	2022年9月期
（連結）売上高	1,075,505	7,702,828	224,176
（連結）経常利益	160,888	541,834	△947
（連結）総資産	1,019,420	15,385,425	37,741
（連結）純資産	708,090	3,655,295	△1,324

　しかし、上場後初めて提出する2024年1月期第2四半期の四半期報告書
及び決算短信について2023年9月14日に提出遅延を公表し、監理銘柄へ指
定されることとなった。

　その後、2023年10月12日には2024年1月期第2四半期の四半期報告書及
び決算短信の開示、提出が完了し監理銘柄の指定は解除された。

　最終的には指定解除となったものの、10月16日までに四半期報告書及び
決算短信を提出できなかった場合には、整理銘柄に指定された後に上場廃
止となった可能性もある重大な事案である。

本事案を受けた留意点

　本件は調査委員会等の調査報告書の公表もないことから、情報が限定的
であるがIR資料（71ページ参照）によると第2四半期末にM&Aを実行した

69

ことにより多数の確認事項が発生したこと、経理部人員が退職し決算数値の確定に時間を要したことが原因として挙がっている。

　本件M&Aはテクノロジーズの会社規模を大きく超えるM&Aの実行であるにもかかわらず、十分な決算体制を構築できていなかったことが伺われる。

　また第2四半期末である7月末に極めて近いタイミングで買収を実行しており、その結果としてM&Aの実行直後に提出する第2四半期の連結財務諸表に当該M&Aの処理を織り込む必要が出てきており、見通しの甘さが伺われる。

　上場後の出来事ではあるが、このようにM&Aを実行しても、その結果を適時に開示する体制が十分ではない場合には重大な問題が生ずる。そのため、上場審査においても決算開示体制については十分な体制であるか慎重に判断されることになる。

　M&Aの実行は成長戦略としては非常に有用である反面、無茶なM&Aの実行は企業内容開示制度の信頼を損ないかねない。IPO準備においては特にM&Aの効果だけに目を向けるのではなく、十分な体制を整えることにも意識を向けるべきであると考えられる。

2023 年 9 月 14 日

各 位

会 社 名 株式会社テクノロジーズ
代表者名 代表取締役社長 良原 広樹
（コード番号：5248 東証グロース）
問合わせ先 取締役経営管理部長 宮 内 駿
TEL.03-6432-7524

2024 年 1 月期第 2 四半期報告書の提出遅延及び 2024 年 1 月期第 2 四半期決算短信発表の延期並びに監理銘柄（確認中）への指定見込みに関するお知らせ

当社は、2024 年 1 月期第 2 四半期報告書について、金融商品取引法第 24 条の 4 の 7 の第 1 項に定める期間内である 2023 年 9 月 14 日までに提出できる見込みがありません。また、2024 年 1 月期第 2 四半期決算短信発表を延期することといたしましたので、お知らせいたします。

１．提出が遅延するに至った経緯

当社は、2023 年 9 月 14 日に 2024 年 1 月期第 2 四半期の四半期報告書の提出をおこなうべく準備を進めてまいりましたが、2023 年 7 月 27 日及び 2023 年 7 月 31 日に株式取得（子会社化）に関するお知らせにて開示したとおり、大型 M&A を含む株式会社エコ革及び株式会社 OGIX の M&A を 7 月末に実行したことにより、連結対象会社となった株式会社エコ革が保有する多数の太陽光設備としての土地の時価評価益等に係る期首残高の精査や、対象子会社の四半期連結財務諸表における適切な表示科目の検討等、第 2 四半期報告書の開示内容の追加確認が必要となったこと、また当 M&A と決算発表までの期間が非常に短い中、偶発的な事情が重なり経理部人員が退職したこと等の理由から、決算数値の確定に時間を要しており、第 2 四半期の四半期報告書の提出が遅延することとなりました。

なお、当社の第 2 四半期の四半期報告書の提出の遅延については、監査法人から誤りを指摘されたことや、不正が発見されたこと等が要因ではなく、より正確な情報を算定するために決算数値の確定に時間を要しているためです。

第2章

健全な会社経営を行う
ための準備

An investment in knowledge pays the best interest.

コンプライアンス（法令遵守）

 STEP1 事案から上場ルールを理解する

1　コンプライアンスを軽視するリスク

　企業におけるコンプライアンスは、「法令遵守」はもちろんのこと、その他に「社内管理規程などの社内規範」、「企業倫理に基づいた判断・行動」を含んだ概念とされています。

　上場企業においては株主、従業員、顧客、サプライヤーといった様々なステークホルダーが存在することから、コンプライアンス違反はその法的責任のみならず、業績悪化による株価下落、社会的な信頼の失墜、社内のモチベーション低下など、その影響は多岐にわたります。

　そのため、上場審査においてもコンプライアンス体制の整備状況は重視され、IPO準備段階でのコンプライアンス体制の構築が求められます。コンプライアンス違反としては、具体的には違法残業や粉飾決算、個人情報の外部流出などがあります。

　本章では過去のコンプライアンス違反の具体的な事例を紹介したうえで、それをもとにIPO準備会社におけるコンプライアンス上の留意点を説明していきます。

第2章 健全な会社経営を行うための準備

| Case03 | 特許権侵害訴訟が上場時期に影響を与えたアスタリスク |

背景

　株式会社アスタリスクは2021年9月30日に当時の東証マザーズに上場を果たした。

　しかし、上場に至るまでには、特許権侵害に関する訴訟等に関するリスクが大きな影響を与えたとされている。

　株式会社アスタリスクは複数の商品が入ったカゴをレジの所定の場所に置くと、商品ごとに取り付けられているRFタグを読み取り、商品と購入額を特定し会計を行うセルフレジの特許（特許第6469758号等）を有していたが、一連の特許の有効性に関して株式会社ファーストリテイリングとの間で争いがあった。

　しかし、上場にあたってリスクの切り離しのためにこうした訴訟負担が発生する特許と縁を切る必要があり、一連の特許すべてを株式会社NIPに対して譲渡したという。さらに、当該裁判の判決結果及び損害賠償やライセンス料における交渉等の進展があった場合でも、当該譲渡契約において株式会社アスタリスクに責任が及ぶものや株式会社アスタリスクが受領する対価はないとのことである。

特許を巡る争訟の経緯

年月	主な出来事
2019年1月	セルフレジに関する特許の登録
2019年5月	ファーストリテイリングがアスタリスクの特許に対する「無効審判」を特許庁に申請
2019年9月	アスタリスクは東京地方裁判所にファーストリテイリング側の特許6469758号等の侵害に基づく差止仮処分の申立
2020年6月	アスタリスクはジーユーに対しても、特許権侵害行為差し止めの仮処分命令を大阪地裁に申立
2020年8月	ファーストリテイリングの無効審判に対して特許の一部が有効との審決
2021年5月	知財高裁で審決取消訴訟の判決により2020年8月の審決のうち、「特許第6469758号の請求項1,2及び4に係る発明についての特許を無効とする。」との部分を取り消し、ファーストリテイリングの請求を棄却

75

2021年6月	ファーストリテイリング最高裁に上告
2021年9月	アスタリスクが東証マザーズに上場
2021年12月	株式会社ファーストリテイリング、株式会社NIP、株式会社アスタリスクの3社において和解が成立

本事案を受けた留意点

　上場審査では、会社が重要な訴訟、係争、紛争、法令違反がないか、抱えている訴訟等の今後の見通しやその影響について審査される。訴訟等の結果が企業経営に重大な影響を与える可能性がある場合には、事業計画の合理性やその蓋然性に関してリスクが多いと判断され、上場時期の見送りとなる可能性もある。

　本事案に関しては、2021年12月23日に株式会社ファーストリテイリング、株式会社NIP、株式会社アスタリスクの3社において和解が成立している旨のリリースがされているが、詳細は開示されておらず本質的な問題は不明である。

　いずれにせよ、ビジネス上で重要な知的財産権に関して訴訟等のトラブルが存在する場合には、上場審査においてリスクがあると判断されることがあるのは事実であり、より慎重な対応が求められる。

　飲食店の店長が「名ばかり管理職」として残業代の支払が求められた日本マクドナルド

背景

　2008年1月28日、東京地裁において、日本マクドナルドがその直営店の店長から時間外及び休日割増賃金の支払いを求められている訴訟に関する判決が言い渡された。

　日本マクドナルドは店長に関し、労働基準法が定める管理監督者であるとし、労働基準法の労働時間、休憩、休日に関する規定が適用されない者

としていた。

　しかし裁判では、管理監督者かどうかについて、①職務内容・権限及び責任に照らし、労務管理を含め、企業全体の事業経営に関する重要事項にどのように関与しているか、②その勤務態様が労働時間等に対する規制になじまないものであるか否か、③給与（基本給・役付手当等）及び一時金において、管理監督者にふさわしい待遇がされているか否かなどの点から判断すべきとされ、本件の店長は管理監督者には該当しないとされた。

　各店舗における人員の採用や、勤務シフトの決定・変更など、労務管理について一定の権限はあるものの、本社の承認を要するなど、その権限は限定的なものであり経営者と一体的な立場で企業全体の経営には関与していないと認定されたのである。

　また、店長は自らの労働時間を自由に決定できる裁量性はあるものの、他の従業員と同じく勤務表で管理され、実態として月100時間を超える時間外労働があり長時間労働を強いられている実態が重視され、実質的に労働時間に裁量はないと判断された。

　さらに、店長の待遇は、平均年収の観点からもファースト・アシスタントマネージャーの平均年収と比べて労働時間の長さを考慮して十分に優遇されているとは言えないと判断された。

本事案を受けた留意点

　当時、飲食店の店長等は管理職として事実上の長時間労働が常態化していた案件も多くあり、また一定の裁量権等を持たせていることや役職を与えることで管理者であると安易に判断されている事例も多くあったとのことである。日本マクドナルドの事案はその知名度もあって、「名ばかり管理職」といったキーワードで社会問題化した。

　本事案のように管理監督者性が否定されれば、多額の未払労働債務が申請会社において顕在化するとともに、社会的な影響も大きいものとなり、上場審査においては慎重に検討される。

| Case05 | 長時間労働により社員が自殺した電通 |

背景

　Ｔさんは2014年４月、大手広告会社・電通に入社した。そして、入社から９か月後の2015年12月25日にＴさんは飛び降り自殺した。自殺直後から同社での過酷な長時間労働や上司からのパワーハラスメントがあったのではないかとされ、2016年９月には、三田労働基準監督署はＴさんの自殺は長時間の過重労働が原因として労働災害を認定した。

　当時の新聞記事等によるとＴさんのおかれていた労働環境について、以下のような報道がされ、過酷な労働環境がパワハラの実態が伺われる。

・月の残業時間が100時間を超える状態を繰り返していた
・１日20時間を超える労働時間となっていた時もあった
・誰もが朝の４時退勤や徹夜している中で新入社員が眠いとか疲れたとか言えない雰囲気
・何日も寝られないくらいの労働量
・上司から「女子力がない」「髪がボサボサ、目が充血したまま出勤するな」などの言葉を浴びせられた

本事案を受けた留意点

　本事案は労働時間の長さと労働環境の問題を浮き彫りにし、日本の労働制度に大きな影響を与えた。具体的には2018年７月６日には「働き方改革関連法」（「働き方改革を推進するための関係法律の整備に関する法律（平成30年法律第71号）」）が公布され、2019年４月１日から順次施行されている。

　「働き方改革関連法」は具体的には以下のような内容が柱となっている。

【時間外労働の上限規制（2019年（中小企業2020年）４月１日施行）】

◎残業時間の上限は、原則として月45時間・年360時間とし、臨時的な特別の事情がなければこれを超えることはできない。

◎臨時的な特別の事情があって労使が合意する場合でも、以下を超えることはできない。

・年720時間以内

・複数月平均80時間以内（休日労働を含む）

・月100時間未満（休日労働を含む）

　また、原則である月45時間を超えることができるのは、年間6か月までとなる

【年次有給休暇の取得義務化（2019年4月1日施行）】

　すべての企業において、年10日以上の年次有給休暇が付与される労働者に対して、年次有給休暇の日数のうち年5日については、使用者が時季を指定して取得させることが必要となる。

　上場審査においても、これらの法律が適切に遵守されているかが判断される。

上場直後に許認可の取消処分を受け、業務が一定期間行えなかったアルデプロ

背景

　株式会社アルデプロは2004年3月18日に当時の東証マザーズに上場を果たした。
　ところが上場直後に当時の代表取締役社長が「ゴルフ帰りに交通事故を起こし、相手に重傷を負わせた」事故に関連して道路交通法違反で執行猶予処分を受けていたことが判明した。その結果、「役員（取締役やそれらと同等以上の支配力を有する者）が禁錮以上の刑に処せられた場合」には、宅建業免許の欠格要件となることから、東京都は2004年4月8日に株式会社アルデプロの宅地建物取引業免許を取り消した。
　これにより、株式会社アルデプロは2004年4月8日以降新たな免許を受けた2004年5月21日までの間、主力業務である中古マンション販売業務を行えない状況となった。
　なお、当時の代表取締役社長に執行猶予の判決が出たのは上場前であったとのことである。そのため、金融庁は、上場審査において当時の東京証券取引所の株式会社アルデプロに係る上場審査及び上場管理の状況について確認を行い、2004年5月24日に以下のような業務改善命令を東京証券取引所に対して行った。

東京証券取引所に対する業務改善命令について

1. 本年3月18日に東京証券取引所（以下「東証」という。）のマザーズに上場した株式会社アルデプロ（以下「アルデプロ社」という。）については、上場直後の4月8日に、東京都から宅地建物取引業者免許の取消処分を受けたことにより、同社の主力業務である中古マンション販売事業が行えない状況となっていた。

2. このため、東証のアルデプロ社に係る上場審査及び上場管理の状況を確認したところ、以下のような問題点が認められた。

  (1) アルデプロ社は中古マンションの販売業務を主力としていることから、宅地建物取引業者免許の取得が必要となり、同社の上場審査に当たっては、宅地建物取引業法（昭和27年法律第176号）第3条に規定する有効期間及び第66条の規定に基づく免許取消事由の有無を確認する必要があるものと認められるが、東証の上場審査においてはそうした手続きがなされていない。

  (2) アルデプロ社については、マザーズ上場直後の4月8日に免許取消処分を受け、同日以降新たな免許を受けた5月21日までの間、主力業務である中古マンション販売業務を行えない状況が続いていたが、東証は、その事実を投資者に周知するための十分な措置を講じていない。

3. これらは、証券取引法及び東京証券取引所の諸規則に違反するものではないが、投資者の信頼を損ないかねないものであり、東証の上場審査及び上場管理業務体制を早急に是正する必要がある。

4. したがって、東証に対し、証券取引法第153条前段の規定に基づき、以下のとおり業務改善を行い、本年6月18日までにその状況を報告するよう命じた。

  (1) 上場申請会社が主要業務の遂行に当たり行政庁の免許等を必要とする場合には、当該免許等の有効期間及び取消事由の有無を確認するとともに、その確認情報を適切に開示させる等、投資者保護のための措置を講じる必要がある。貴所の上場審査業務体制を再点検し、こうした措置を講ずる体制を確立すること。

  (2) 上場会社が主要な業務を継続的に遂行できない場合には、適時適切に監理ポストに割り当てる等、投資者に注意喚起を促すための措置を講じる必要がある。貴所の上場管理業務体制を再点検し、こうした措置を講ずる体制を確立すること。

  (3) その他、今回の問題を踏まえ、貴所として必要と認める改善措置を講じること。

5. その他

  上記の業務改善状況とともに、東証のこれまでの対応に関する以下の論点についての見解を報告するよう命じた。

  (1) アルデプロ社の将来の業務遂行の見通しに係る上場審査の詳細な実態。特に免許の有効期間や取消事由に該当しないことを確認しなかった理由。

  (2) アルデプロ社に対する免許取消しを認識して以降の対応の詳細な実態。特に監理ポストに割り当てなかった理由。

本事案を受けた留意点

　本事案は、申請会社である株式会社アルデプロがその主力業務である中古マンション販売業務を行えなくなる可能性があるような欠格要件となる可能性がある事実が発生していたにもかかわらず、当該事業リスクを把握・検討することなく上場に至ってしまった。株式会社アルデプロにおけるガバナンス機能の問題点、そして主力事業の許認可という事業の根幹に関する上場審査が十分に機能しなかった証券取引所の問題点が浮き彫りになった。その結果として、審査体制や事実が判明した後の対応について金融庁より業務改善命令が発せられるという事態になったわけである。

　特に許認可事業を行っている場合等、事業の根幹にかかわる免許等の有効期限や取消事由について以前よりも慎重な対応が求められるようになるきっかけとなった事案である。

STEP2 実務における重要ポイントを確認する

2 [チェックシート] コンプライアンス体制の構築

　IPO準備会社においては、企業が事業活動に係る法令や企業倫理を遵守するためのコンプライアンス体制が整備され有効に機能していることが重視されています。また、上場審査においては、最近において重大な法令違反を犯しておらず、今後においても重大な法令違反となる恐れのある行為を行っていない状況にあると認められる必要があります。過去に法令違反等が発生している場合には、当該違反に伴う法的瑕疵が治癒されているか、再発防止体制の整備状況についても確認がなされます。

CheckSheet

Ⅰ　コンプライアンス体制構築

Check!
☐ 経営者自らがコンプライアンスの意義や重要性を正しく理解していますか。

　コンプライアンスの重要性を従業員に浸透させるためには、経営者が先頭に立ち社内のコンプライアンスに対する意識を高めることが必要ですが、その前提として経営者自身がコンプライアンスの意義や重要性を正しく理解している必要があります。

Check!
☐ 企業としての基本方針や行動規範を定めていますか。

　コンプライアンスには法令の遵守のみならず、社会的なルールや企業倫理を守ることが含まれるため、経営者や従業員が適切な判断を下

すための指針として組織文化や価値観を反映した基本方針や行動規範を明文化することが必要となります。

Check!

☐ コンプライアンス部門を設置していますか。

　コンプライアンス体制を効果的に運用しコンプライアンス違反を未然に防ぐためには、専門部署または委員会といった形でコンプライアンス担当を設置することが重要となります。

　また、上場審査においては法改正への対応についても確認されるため、法改正の状況を適時にキャッチアップするために、顧問弁護士との連携も重要になります。

Check!

☐ コンプライアンス教育を実施していますか。

　コンプライアンス体制を有効に機能させるためには、コンプライアンス教育の実施により、一人一人のコンプライアンスに対する意識を高めることが重要となります。

　経営層、管理職、一般従業員といった立場ごとに必要となる教育が異なるため、職位に適した教育の実施が求められます。

STEP3　ルールをさらに詳しく知る

3　株式上場に必要なコンプライアンス体制とは

　企業が経済活動を行うにあたって関連する法令等の遵守は基本的な事項です。

　しかし、近年の法令等の複雑化、社会的価値観の変化、企業不祥事の発覚やそれに伴う法規制の強化等により、企業には高いコンプライアンス意識が求められ、単なる法令への適合性にとどまらず企業行動全般における倫理的な価値観の保持と行動が求められる傾向にあります。コンプライアンスの重要性がより高まっているといえるでしょう。

　上場審査においても、企業の経営活動に関連する法令等を遵守するための有効な体制が、適切に整備、運用されているかどうかは特に重視されます。適切かつ有効なコンプライアンス体制の構築がIPO準備企業においては重要です。

1）経営者が正しくコンプライアンスの意義・重要性を理解していること
2）企業として基本方針や行動規範を明文化すること
3）コンプライアンス部門の設置
4）コンプライアンス教育の実施

　具体的には、このような点を整備することが重要と考えられますので、これらをひとつずつ説明していきます。

4　経営者によるコンプライアンスの意義や重要性の理解

　企業が全体として法令や規則を遵守し、倫理観に基づいた行動をとるためには、経営者自らが先頭に立ちリーダーシップを発揮し、コンプライアンス

の意義や重要性を組織に浸透させることが必要です。その前提として経営者自身がコンプライアンスの意義や重要性を正しく理解し、日々の意思決定や行動に反映させていることが必要です。

5 コンプライアンスに関する基本方針・行動規範の明文化と浸透

　企業におけるコンプライアンス体制構築に際しては、経営者、従業員が法令や基準を遵守し、倫理的な行動を取るための指針として組織文化や価値観を反映した基本方針や行動規範を明文化することが必要となります。

　そして、その基本方針や行動規範を組織内で浸透させることにより、企業として目指す方向性が明らかになります。従業員にとっても迷わずに意思決定をすることが可能となり、従業員の主体性を高め、意思決定スピードの向上にも繋がります。

　また、基本方針や行動規範は抽象的な内容となることが多いため、組織内で浸透させるには、長期に渡り経営層が主体的に実践、啓蒙に取り組み、全体会議や研修の場などで継続的にメッセージを発信し続けることが重要となります。

　下記に、クラシエ株式会社のコンプライアンス基本方針と行動規範の一部を紹介します。

▌クラシエ株式会社のコンプライアンス基本方針と行動規範（抜粋）

基本方針
1）利益とコンプライアンスが相反する場合は、迷わずコンプライアンスを優先します。 2）社会的責任と公共的使命を認識し、社会から信頼される誠実な会社を目指します。 3）法令その他の社会規範を遵守し、正直で透明な企業活動を行います。 4）顧客、取引先、社員、株主等を尊重し、社会経済の健全な発展に貢献します。 5）違法行為や反社会的行為に関わらないよう、良識ある行動に努めます。 6）反社会的勢力に対しては、毅然とした態度で臨みます。 7）社会に対し、積極的な情報開示を行い、透明な経営に徹します。

行動規範（抜粋）

第1章　当社グループ全従業員・役員対象

1. 社会に対して
   1) 法令の遵守と社会常識に則した行動
   ・法令や社会規範を正しく理解し、遵守するとともに、社会から不信を招く行為は行いません。
   ・事業活動を展開する国・地域においても、現地の社会事情を理解し、その文化や慣習、宗教などに十分配慮した活動を行います。
   ・社会が必要とする当社グループの企業情報を、適時・適切に開示します。
   2) 社会貢献（略）
   3) 寄付行為・政治献金規制
   ・政治献金や各種団体等への寄付などを行う際には、関係法令はもとより、社内規則に則り対応し、相手方に見返りを要求せず、取引を誘因する手段としません。
   ・政治、行政とのもたれあいや、癒着ととられるような行動を排し、透明な関係を保ちます。
   4) 公務員との関係（略）
   5) 反社会的勢力との関係断絶
   ・常に法律知識や社会常識、正義感を持ち、違法行為や反社会的行為を見逃すことなく、良識を持って行動します。
   ・反社会的勢力には毅然とした態度で対応し、一切関係を持ちません。
   6) 環境保護・保全（略）

2. お客さまに対して
   1) 商品・サービスの安全性（略）
   2) お客さま満足の追求（略）
   3) 適正な営業活動
   ・遵守すべき法律を十分に理解した上で、健全な取引のルールを尊重して誠実な営業活動を行います。
   4) 適正な表示・説明・広告（略）
   5) お客さま情報の適切な管理・保護
   ・個人情報保護方針等社内規則に従い、事業活動のなかで知り得たお客さまの個人情報は厳重に管理し、外部に漏洩するなど、本人の了解しない用途に利用しません。
   ・お客さまの個人情報の管理業務を外部に委託する場合には、委託先の管理体制の確認を徹底します。

3. 取引先・競争会社に対して
   1) 公正・自由な市場競争の促進
   ・いかなる状況においても、談合や優越的地位の濫用、再販売価格の維持など独占禁止法違反となるような行為を行わず、公正で自由な企業間競争を行います。

2）購入先との適正取引
・購入先は良きパートナーと理解した上で、特定の購入先に有利な待遇を与えたり、取引先に対し支払遅延や値引きの強要、不当な返品等を行なったりせず、関係法令を遵守し適正な契約締結および取引を行います。
3）輸出入（略）
4）他者の権利侵害の禁止
・他者が所有する知的財産権（特許権、実用新案権、著作権、商標権、意匠権やノウハウ等）を尊重し、許可なく使用しません。
・いかなる理由があっても、不正な手段により他社の営業秘密を取得・使用しません。会社に在籍する前に知り得た、または、出向等で知り得た第三者の秘密情報は、会社内で開示せず、会社のために使用しません。
5）接待・贈答
・社会通念の範囲を超えた接待・贈答は受けません、行いません。

4. 株主・投資家に対して
1）経営情報の開示（略）
2）インサイダー取引の禁止（略）

5. 私たちに対して
1）人権尊重・差別禁止（略）
2）個人情報の保護（略）
3）職場の安全・衛生の確保（略）
4）働きやすい職場づくり
・労働関係法令を遵守し、ワークライフバランスや「仕事と育児」「仕事と介護」の両立が配慮されている働きやすい職場環境の整備に努めます。
・コミュニケーションを深め、お互いの信頼を大切にする職場づくりをすすめるとともに、一人ひとりの個性・能力・実績を公正に評価し、その成長と自己実現が可能な環境整備に努めます。
5）内部通報
・国内外の法令や社内規則等の違反または違反の疑いを知った場合には、直ちに会社に報告します。
・退職者や取引先等から、会社の法令違反等に関する通報、問い合わせ、相談などがあった場合には、誠実に対応します。
・従業員から法令や社内規則等の違反などの報告、問い合わせ、相談があった場合には、当該従業員の権利を保護し、また、当該従業員に対して不利益な取り扱いはしません。

6. 会社・会社財産に対して
1）厳正かつ公正・誠実な業務遂行（略）
2）適正な会計処理（略）
3）内部統制（略）
4）利益相反行為の禁止（略）

5）秘密情報の管理（略）

6）公私混同の禁止（略）

7）知的財産権の保護

　・会社の有する知的財産権は、重要な会社資産であるという認識にたち、これら
　　の有効活用とその権利の保全に努めます。

　・職務発明に該当すると思われる発明をした場合、社内規則に従い、会社に届け
　　出をします。

第2章　薬品事業に携わる従業員・役員対象（略）

6　コンプライアンス部門の設置

　構築したコンプライアンス体制を効果的に運用しコンプライアンス違反を未然に防ぐためには、専門部署または委員会といった形でコンプライアンス担当を設置することが重要となります。

　コンプライアンス担当を設置することにより、コンプライアンスに係る潜在的なリスクを把握・分析し問題の発生を事前に防止することが可能となります。また、コンプライアンスに関する問題が発生してしまったとしても専門の担当者が即座に対応することで企業への影響・損害を最小限に抑えることが可能となります。

　上述した機能を発揮するためにも、コンプライアンス担当者には企業組織や活動に対する深い理解と法令に関する専門的な知識が必要となり、組織上も取締役会の直下に配置し独立した権限を付与する必要があります。

　また、法改正を適時にキャッチアップする必要があるため、顧問弁護士との連携が重要となります。

　前述のクラシエ株式会社では以下のような組織体制となっているとされています。

▌クラシエ株式会社の組織体制

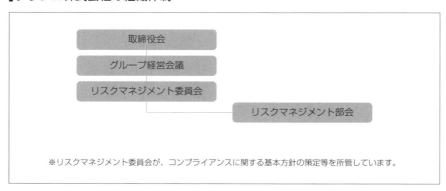

7　コンプライアンス教育の実施

仕組みとしてコンプライアンス体制を整備したとしても、企業を構成する経営者、従業員のコンプライアンスに対する意識が低く、知識もない場合には、整備された体制は有名無実となりコンプライアンス違反を防ぐことはできなくなってしまいます。

そのためデザインされたコンプライアンス体制を有効に機能させるためには、経営者、従業員に対するコンプライアンス教育を実施し、一人一人のコンプライアンスに対する意識を高めることが重要となります。

コンプライアンス教育の主な手段としては、研修とeラーニングが挙げられますが、経営層、管理職、一般従業員といった立場ごとに必要となる教育が異なるため、職位に適した教育の実施が求められます。

前述のクラシエ株式会社では以下のような教育体制となっているとされています。

▌クラシエ株式会社の教育体制

> **教育**
>
> 1）周知
> ・コンプライアンスハンドブックを作成し、全役員・従業員に説明の上配布しています。
>
> 2）教育、研修の実施
> ・役員、部門長、一般従業員研修
> ・コンプライアンス責任者・業務管理者研修
> ・新入社員教育
> ・新任アシスタントマネージャー教育
> ・幹部要員登用者教育

関連当事者との取引等の整理

STEP1 事案から上場ルールを理解する

1 関連当事者との取引等を維持するリスク

　関連当事者とは、企業の親会社や子会社、主要株主、役員などが該当します。企業の意思決定に重要な影響を及ぼすことが可能であることから、関連当事者が少数株主の利益を犠牲にして自己の利益を追求することで、会社経営の健全性を害する可能性が高く、一般的には上場前に関連当事者取引の解消や関係会社の整理が求められます。

　以下では、上場企業の創業者一族がその立場を利用し、個人的な用途のための多額の支出を行っていたことが明らかになったことによって市場からの信頼を大きく損ねてしまった事案を紹介します。

 Case07　会長の権限を利用して個人的用途のための支出が行われた大王製紙

背景

　2011年9月7日、大王製紙株式会社は当時の代表取締役会長であったI氏（9月16日に辞任）が連結子会社から長期間にわたって個人的用途のため多額の貸付を受けている事実が発覚した。大王製紙株式会社は9月16日に特別調査委員会を設置した。

調査の結果として以下のような事実が判明した。

・I氏は2010年5月から2011年9月までに連結子会社7社より、合計で106億円もの金額がI氏個人またはI氏の個人的な関係会社に対して支出されていた（迂回融資含む）。

・いずれの貸付も事前にI氏から各社の常勤役員に電話して振込の指示を行い送金させており、いずれも無担保となっていた。

・いずれの貸付も振り込みを実行した後に返済期限や一定の利率等を定めた金銭消費貸借契約書が作成されているが、いずれも取締役会に事前に諮られることはなかった。（事後的に取締役会に諮られた場合も当然行われるべき検討はされてなかった。）

・いずれの貸付も個人的用途に充てるためになされたものであったが、具体的な説明や資料提供がなされなかった。（当時の報道等では高級クラブでの遊行費やカジノでの遊行費等に充てられている旨報じられていた。）

その後、I氏は特別背任罪で逮捕され、懲役4年の実刑判決が言い渡されている。

本事案を受けた留意点

本件は各連結子会社の一定の権限を有する者がその融資実行を行っていることや、金銭消費貸借契約書を締結する等、一定の融資手続は形式的に行われていた。

また、貸付については有価証券報告書において「連結子会社と関連当事者との取引」にI氏への貸付として記載されている。

取締役会における融資の稟議書は作成されていたが、実質的な審査は行われておらず形骸化しており、関連当事者との取引において本件貸付の事実が記載されているにもかかわらず監査役や取締役がこの事実に触れることはなかったとされる。

本件は、企業ガバナンスと内部統制の重要性を強調する事例となった。特に、上場企業の経営者が自社の資金を私的に使用する行為に対するガバナンスが働く機会があったのにもかかわらず発見・防止できなかった点で、

重要な問題が浮き彫りになった。

　上場審査では、従前より関連当事者取引や特別利害関係者との取引は必要性や経済的合理性の観点から厳しく審査されてきたが、より一層慎重に審査されるとともに透明性の高い情報開示が求められるようになった。

STEP2
実務における重要ポイントを確認する

2 　チェックシート　関連当事者との取引等の整理

　関連当事者との取引は、特別な関係を有する相手との取引です。よって、本来は不要な取引を強要されたり取引条件が歪められたりする恐れがあり、上場審査の中でもその取引の事業上の必要性や条件の妥当性について確認がされます。

CheckSheet

Ⅰ　関連当事者取引

Check!
☐ 関連当事者取引を行っている場合、取引の合理性（事業上の必要性）がありますか。

　関連当事者との取引が存在する場合には、代替する他の取引先を探すことが困難であるといった当該取引先と取引を継続することが合理的な理由が必要となり、合理性がない場合には当該取引を解消する必要があります。

Check!
☐ 関連当事者取引を行っている場合、取引条件の妥当性がありますか。

　関連当事者への不動産の無償貸与、関連当事者に対する明らかに割安な価格での譲渡、取引条件について事前に十分な調査を行っていない場合には取引条件の妥当性が認められず当該取引を解消する必要があります。

Check!

☐ 関連当事者取引を把握、牽制する仕組みがありますか。

関連当事者取引を把握、牽制する仕組みとして、①関連当事者取引を把握する方法、②関連当事者取引を検討する方法、③フォローアップの方法を構築する必要があります。

Ⅱ　関係会社整備

Check!

☐ 関係会社の存在自体に合理性が認められますか。

申請会社の事業との関連性がなく、シナジーも望めず、その存在に合理性があるとは言えないような関係会社は審査上問題となることが多く、株式の売却等の対応が必要となります。

Check!

☐ 関係会社との取引条件に妥当性はありますか。

関係会社との取引条件が第三者との取引条件と比較して低い価格でなされているような場合は利益供与の可能性があります。

Check!

☐ 関係会社の業績に問題はありませんか。

関係会社の業績が継続して赤字となっているような場合も存在に合理性がないとして整理が求められます。

Check!

☐ 役員の兼務状況に問題はありませんか。

申請会社の役員が関係会社の役員を兼務している場合には、当該役

員が監督機能を十分に発揮しているかどうか、業務執行の機動性が損なわれていないかといった点を確認されます。

Check!

☐ 管理体制が適切に整備されていますか。

　上場審査は子会社や関連会社を含めたグループ全体を対象に行われるため、子会社等の管理体制についても整備が必要となります。

ルールをさらに詳しく知る

3 関連当事者とは

　関連当事者については「財務諸表等の用語、様式及び作成方法に関する規則」（財務諸表等規則）第8条第17項において関連当事者の範囲が具体的に規定されています。上場審査等に関するガイドラインにおいても、関連当事者の定義として財務諸表等規則第8条第17項を参照しており、その範囲に大きな差はありません。しかし、ガイドラインでは、申請会社の企業グループと人的、資本的な関連を強く有すると考えられる者を「その他特定の者」として扱い、関連当事者取引と同様にその取引について慎重な審査が行われるため上場審査における対象は財務諸表等規則よりも広いこととなります。

　また上場審査においては、関連当事者等と類似する概念として「特別利害関係者」という概念があります。両者は、ほぼ同じ意味を持つ概念でありますが、それぞれが異なる状況で使用されます。関連当事者等は、取引の合理性や取引に関する開示の適切性が上場審査で確認・審査されます。一方、特別利害関係者等は、上場申請企業が株式等を譲渡するなどした場合に、申請書類にその記述が必要とされます。

　具体的には、下表に記載の会社または個人が関連当事者、特別利害関係者として定義されます。

▌関連当事者と特別利害関係者の範囲

関連当事者の種類（その他特定の者を含む）	特別利害関係者の範囲
① 親会社 ② 子会社 ③ 同一の親会社を持つ会社等 ④ その他の関係会社、並びにその親会社及び子会社 ⑤ 関連会社、及びその子会社 ⑥ 主要株主及びその近親者* ⑦ 役員及びその近親者* ⑧ 親会社の役員及びその近親者* ⑨ 前3号（⑥〜⑧）の者が所有している会社等及びその子会社 ⑩ 従業員のための企業年金 ⑪ その他特定の者 ＊「近親者」は二親等以内の親族を意味します。	① 会社の役員、その配偶者及び二親等内の血族（以下「役員等」という） ② 役員等が自己又は他人の名義により総株主の議決権の過半数を所有されている会社 ③ 関係会社及びその役員

> ※ 関連当事者の種類は「財務諸表等の用語、様式及び作成方法に関する規則」（財務諸表規則）第8条第17項によるものであり、特別利害関係者の範囲は企業内容等の開示に関する内閣府令 第1条第31項イによるものです。

4 関連当事者取引の問題点

　IPO準備会社における主要株主や役員といった関連当事者との取引は、特別な関係を有する相手との取引です。その関係の特殊性から企業の事業活動において本来は不要な取引を強要されたり、一般的な取引条件より著しく不利な取引条件により契約を結ばされたりすることで、既存株主や上場後の新規株主が不当に不利益を被る可能性があります。

　そのため関連当事者取引についてはIPO準備の段階ですべて解消することが望ましいと考えられ、解消されなかった関連当事者取引については審査の中で取引の必要性やその条件の妥当性について確認がなされます。

　特に同族会社において同族役員が取締役の半数を占めるようなケースでは、

同族取締役が取締役会に及ぼす影響が大きくなるため審査はより慎重に進められます。

5 IPO準備段階における関連当事者の取扱い

IPO準備会社において関連当事者取引が存在する場合には、基本的には上場審査前に解消されていることが望ましいと考えられますが、取引を継続する場合には上場審査において取引の合理性（事業上の必要性）、及び取引条件の妥当性が認められるかどうかが確認されます。

日本証券取引所の公表する「新規上場ガイドブック」では上場審査において、不適切な関連当事者取引の事例として以下のようなケースを挙げていますので、判断の参考になります。

■取引の合理性（事業上の必要性）が認められないケース
- ・申請会社の事業計画・営業戦略等に合致しない不動産（例えば、小売業における継続的赤字店舗）を関連当事者等から賃借しているケース
- ・関連当事者等から営業（仕入）取引を行っているものの、当該関連当事者等を取引に介在させる合理性（事業上の必要性）が認められないケース
- ・関連当事者等と会社との間で多額の金銭貸借を行っているケース

■取引条件の妥当性が認められないケース
- ・申請会社のビル等の空きスペースを関連当事者等の個人事業に無償貸与していたケース
- ・会社資産を関連当事者等に売却をする際、時価と簿価に相当の差異が生じていた（時価が簿価を大幅に上回っていた）にもかかわらず、明らかに割安な簿価で売却したケース
- ・取引の開始や更新時等において、相見積りの実施（営業取引の場合）や類似不動産の賃借条件の調査（不動産賃借取引の場合）等、取引条件の妥当性についての確認を十分に行っていないケース

■開示の適正性に問題があるケース

・関連当事者等が所有する不動産を賃借しているにも係わらず、直接の契約相手方を仲介不動産業者としたうえで、開示の隠蔽を図ったケース

また、取引行為には該当しない場合であっても、不当に利益供与をしていると認められる恐れが高く、上場審査において慎重な審査がなされるとして以下の事例が挙げられています。

・役員など関連当事者等の個人的な趣味や嗜好に基づき、会社が絵画等の美術品などを多額に購入していると見なされるケース
・会社で購入した資産（不動産・社用車・船舶・航空機・ゴルフ会員権など）が、専ら特定の役員など関連当事者等の個人的な用途に利用されていると見なされるケース

なお、上場審査の過程で解消を要請された関連当事者取引を解消せずに取引継続する場合は、上場後のフォローアップ事項として関連当事者取引の漸減・解消状況について上場会社や主幹事証券会社に対し照会やヒアリングが行われます。

そこで解消の進捗が認められないような場合は、今後の方針の書面による提示確認される可能性もあります。

6　関連当事者取引に関する体制整備

上場審査においては、関連当事者取引の整理のみならず、その前提となる関連当事者との取引を適切に牽制する仕組みが整備されていることが求められます。

具体的には、①関連当事者取引を把握する方法、②関連当事者取引を検討する方法、③フォローアップの方法を構築する必要があります。

なお、関連当事者取引が生じていない場合や既存の取引に合理性や条件の妥当性が認められる場合でも、上場後に合理性や条件の妥当性がない取引が

101

行われないよう関連当事者取引を把握、牽制する仕組みが求められています。

7　関係会社の整理

　IPO準備会社が子会社や関連会社などのいわゆる関係会社を保有する場合には、関係会社を利用して一部の株主が不当に利益を獲得することが可能であることから、関連当事者取引の解消のみならず関係会社を保有すること自体の妥当性を検討する必要があります。

　具体的な検討項目は以下のようになります。

・存在に合理性（事業上の必要性）があるか

・取引条件に妥当性があるか

・業績に問題はないか

・役員の兼務状況に問題はないか

・管理体制が適切に整備されているか

　これらを検討した結果、関係会社として保有することに合理性や妥当性がないと判断された会社については、売却、合併、清算といった方法で整理する必要があります。いずれも手続等に時間を要するため、関係会社についてはIPO準備の早い段階で要否を検討することが重要です。

03 反社会的勢力排除のための取組み

STEP1 事案から上場ルールを理解する

1 反社会的勢力との関係を続けるリスク

　反社会的勢力とは、明確な定義はないものの、「暴力、威力と詐欺的手法を駆使して経済的利益を追求する集団又は個人」とされ、暴力団、暴力団員、暴力団関係企業、総会屋、社会運動標ぼうゴロ、政治活動標ぼうゴロ、特殊知能暴力集団等又はそれに準ずるものが含まれます。

　上場会社はその社会的な影響力の大きさや信用度の観点から反社会的勢力の資金獲得等に悪用されやすく、また反社会的勢力と関係を持つことは上場会社にとって、不当な要求や違法行為への関与、信用リスク等にさせる可能性もあり、反社会的勢力と接点を持つことは絶対に行ってはいけない行為となります。

　そのため上場審査においても反社会的勢力との関係性については厳しく審査されます。

　以下では、株式上場前から長期間にわたって反社会的勢力との関係が続いており、それが発覚したことにより最終的には上場廃止となった事案について見ていきたいと思います。

長期にわたる反社会的勢力との関係により上場廃止になった三栄建築設計

背景

　株式会社三栄建築設計は2006年9月に当時の名古屋証券取引所セントレックスに上場を果たした。その後2011年8月に東京証券取引所市場第二部へ上場、名古屋証券取引所市場第二部に指定替えを果たし、2012年8月には東京証券取引所市場第一部及び名古屋証券取引所市場第一部に指定替えし、2022年4月の東京証券取引所の市場区分見直しにより東京証券取引所のプライム市場へ移行した。

　2023年6月20日、東京都公安委員会により代表取締役であったK氏が株式会社三栄建築設計の事業に関し、2021年3月25日、指定暴力団E会会長Y氏に対し額面約189万円の小切手を交付し、もって規制対象者に利益を供与したとして、東京都暴力団排除条例第27条の規定による勧告を受け、同日にK氏は取締役を辞任した。

　その後、同社は当該事案に関して事実関係の調査及び原因究明を行い、再発防止に向けて取り組むため第三者委員会を設置した。

　調査報告書によればK氏とY氏の関係性について遅くとも2000年までには始まっていたと認定し、K氏は、その当時、既にY氏が暴力団に所属することを認識しながら、Y氏の自宅の建築に会社を関与させた等の事実に関する認定を行っている。

　株式会社三栄建築設計は2023年6月20日の勧告を受けて以降、直ちに、代理人を通じてK氏と遮断措置に関する協議を行っているが、その際、K氏が株式売却に難色を示したことから、株式会社三栄建築設計においてK氏に対して株式処分を求める方策を検討していた。

　その後、2023年8月16日付で株式会社三栄建築設計の普通株式のすべてを株式会社オープンハウスが取得し、完全子会社とするための取引の一環として、公開買付けを実施することを決議し、株式会社三栄建築設計は当該公開買付けに応募することを推奨することを決議し、最終的に2023年11月1日をもって上場廃止となった。

本事案を受けた留意点

　反社会的勢力との関係がある場合には、反社会的勢力からの不当な要求を受ける可能性や、条例違反となる可能性、各種契約が解除される可能性、監督官庁から指導等を受ける可能性等があるので、関係の遮断を図ることが強く求められる。

　上場審査においては、反社会的勢力との関係について厳しく審査され、仮に意図せず取引を行っていた場合においても「クロ」と判断された場合には結果として責任を負う形で上場を断念することになる。

　本事案では、企業のトップが取引の相手方が反社会的勢力であることを認識したうえで長年にわたり関係を続けていた事実は社会に衝撃を与えた。

　反社会的勢力との取引は意図しない取引や関係性から始まることもあるため、日常の企業活動を行う上で、慎重に判断することが求められる。

STEP2 実務における重要ポイントを確認する

2　チェックシート　反社会的勢力との関係の整理

　反社会的勢力との関係性を遮断するためには、経営トップによる毅然とした態度、取引開始時におけるスクリーニング、定期的な調査等によって関係性を有さない仕組み作りが重要です。

　また、意図せず反社会的勢力と関係を有してしまうこともあるため、日常的に会社全体として意識することが重要となります。

　下表は、反社会的勢力との関係整理の代表的なチェックポイントをまとめたものです。

CheckSheet

Check!
☐ 会社設立から現在において、反社会的勢力もしくはその疑いがあるような人物・団体等が株主や役員等となったことはありますか。

　上場審査においては過去から現在における株主や役員に反社会的勢力とされるような人物が入り込んでないか厳しく審査されます。特に、株主については増資のタイミングで意図せず入り込んでくることもあるため注意が必要です。

Check!
☐ 現在取引を行っている取引先について、反社会的勢力ではないことを確認していますか。

　得意先や仕入先等の継続的な取引関係のある相手が反社会的勢力に

該当する場合には、取引の遮断が求められます。IPO準備中の会社が既存の取引先について、取引開始時に反社会的勢力に該当していないかを確認しているケースはまれだと思います。取引先が膨大である場合にはその確認に時間がかかることから早期にチェックを進める準備をすることが重要です。

Check!

☐ 新規の取引を行う際に、取引の相手方が反社会的勢力に該当しないことを確認していますか。

　反社会的勢力との関係を一度持ってしまうと、その関係性の遮断は容易に行えないことも多くみられます。そのため、反社会的勢力との関係性を持たないためには、取引の開始時において適切な調査を行うことが重要です。例えばインターネット検索や情報サービス会社の提供する記事検索サービス等の方法により積極的に調査を行うことが重要です。

Check!

☐ 会社として反社会的勢力との関係排除に関する明確な姿勢を社内に示していますか。

　例えば以下のような観点で会社として、経営トップが毅然と対応する姿勢を示すことが重要です。
① 経営トップが反社との関係遮断を明言する
② 取締役会で反社との関係遮断の基本方針を決議する
③ 企業倫理規定に反社との関係遮断を明記する
④ 契約書や約款に暴力団排除の条項を入れる
⑤ 専門部署の設置や外部機関との連携をとおし、反社との関係遮断に向けた内部体制を構築する

STEP3　ルールをさらに詳しく知る

3　上場審査における反社会的勢力との関係の整理

　IPO準備において、反社会的勢力との関係を明確にし、排除することは、公益及び投資者保護の観点から極めて重要です。そのため、上場審査においては反社会的勢力との関係について厳しく審査され、反社会的勢力（暴力団、暴力団員等）が企業グループの経営活動に関与している場合、上場物件として不適当とされます。

　反社会的勢力については明確な定義はないとされているものの、政府の「犯罪対策閣僚会議」が2007年に公表した「企業が反社会的勢力による被害を防止するための指針」によると、『暴力、威力と詐欺的手法を駆使して経済的利益を追求する集団又は個人である「反社会的勢力」をとらえるに際しては、暴力団、暴力団関係企業、総会屋、社会運動標ぼうゴロ、政治活動標ぼうゴロ、特殊知能暴力集団等といった属性要件に着目するとともに、暴力的な要求行為、法的な責任を超えた不当な要求といった行為要件にも着目することが重要である』とされています。

　そして、上場審査において審査の対象となる反社会的勢力との関与は、単に申請会社の企業グループの経営活動に反社会的勢力が直接関与している場合に限らないとされています。

　すなわち、申請会社の企業グループ、役員又は役員に準ずる者、主な株主及び主な取引先（以下「申請会社グループ及び関係者」といいます）が反社会的勢力である場合だけではなく、例えば、申請会社グループ及び関係者が資金提供その他の行為を行うことを通じて反社会的勢力の維持、運営に協力若しくは関与している場合、申請会社グループ及び関係者が意図して反社会的勢力と交流を持っている場合など、実態として反社会的勢力が申請会社の企業グループの経営活動に関与しているときには、上場物件としては不適当

と考えられるとしています。

　具体的に、上場審査では、申請会社が作成した「反社会的勢力との関係がないことを示す確認書」に基づき、以下の事項が確認されます。

① 履歴・属性を調査した新規上場申請者の関係者（役員、株主、取引先等）の範囲

　　範囲の決定にあたり、新規上場申請者の設立経緯や取引関係、業界慣行や取引慣行等を考慮している場合は、その内容についても確認されます。

② 反社会的勢力との関係を確認するために実施した調査の内容

　　新規上場申請者の取引先等からの評価を調査している場合はその内容を含みます。

③ 反社会的勢力の経営活動への関与を防止するため、申請会社グループ及び関係者、その他経営活動を行うにあたっての関係者の状況を定期的に把握し、また、新たな関係を構築する場合には適切な確認を行うとともに、問題発生時の対処方法を明確とするなど、申請会社が自ら反社会的勢力を排除するために必要な体制整備を図っているか

　　体制整備にあたっては、「企業が反社会的勢力による被害を防止するための指針」（2007年6月19日犯罪対策閣僚会議幹事会申合せ）等を踏まえて検討することが望まれます。

　また、近年、暴力団等と密接な関係を有しその活動に協力している者などを介在させ、企業グループへの関与を図る反社会的勢力が存在すると言われていることから、こうした関係について懸念される者が申請会社の企業グループに関与している場合についても、審査の対象となります。

■「反社会的勢力との関係がないことを示す確認書」における確認の範囲

対象者	確認項目
上場申請日における役員、役員に準ずる者、重要な子会社の役員	・氏名 ・生年月日 ・最近5年間に経歴（職歴）としてかかわった全ての会社・団体など及び兼職している会社・団体などの名称及び本店所在地
上場申請日における株主上位50名	・法人株主：名称、本店所在地 ・個人株主：氏名、生年月日、住所 ・投資ファンド：ファンド名、所在地、運営者（ファンド出資者のうち、上場申請会社の発行済株式の5%以上の出資持分を持つ大口投資者が存在する場合、その名称）
仕入先及び販売先（直前事業年度の連結ベースで上位10位）	・個人：氏名、生年月日、住所 ・法人：名称、本店所在地

4 内部統制との関係性

　会社法上の大会社や委員会設置会社の取締役会は、健全な会社経営のために会社が営む事業の規模、特性等に応じた法令等の遵守体制・リスク管理体制（いわゆる内部統制システム）の整備を決定する義務を負い、また、ある程度以上の規模の株式会社の取締役は、善管注意義務として、事業の規模、特性等に応じた内部統制システムを構築し、運用する義務があると解されています。

　反社会的勢力による不当要求は、

　　・取締役等の企業トップを対象とするものとは限らず、従業員、派遣社員等の個人や関係会社等を対象とするものがあること

　　・事業活動上の不祥事や従業員の不祥事を対象とする場合には、事案を関係者限りで隠ぺいしようとする力が社内で働きかねないこと

　…を踏まえると、反社会的勢力による被害の防止は、業務の適正を確保するために必要な法令等遵守・リスク管理事項として、内部統制システムに明確に位置づけることが必要です。このことは、ある程度以上の規模のあらゆ

る株式会社にあてはまります。

　また、反社会的勢力の攻撃は、会社という法人を対象とするものであっても、現実には、取締役や従業員等、企業で働く個人に不安感や恐怖感を与えるものであるため、反社会的勢力による被害を防止するための内部統制システムの整備にあたっては、会社組織を挙げて、警察や弁護士を始めとする外部専門機関と連携して対応することが不可欠となります。

　すなわち、以下の事項が重要となります。

・取締役会が明文化された社内規則を制定するとともに、反社会的勢力対応部署と担当役員や従業員を指名すること

・制定した社内規則に基づいて、反社会的勢力対応部署はもとより、社内のあらゆる部署、会社で働くすべての個人を対象としてシステムを整備すること

　全社統制の枠組みで反社会的勢力との関係遮断についてまとめると以下の通りとなります。特に、リスク評価の部分は、重点的に管理すべき項目となります。

▌内部統制における反社会的勢力との関係遮断

構成要素	留意事項
統制環境	・経営トップが、反社会的勢力との関係遮断について宣言を行う。 ・取締役会において、反社会的勢力との関係遮断の基本方針を決議する。 ・企業倫理規程等の中に、反社会的勢力との関係遮断を明記する。 ・契約書や取引約款に暴力団排除条項を導入する。 ・反社会的勢力との関係遮断のための内部体制を構築する（例えば、専門部署の設置、属性審査体制の構築、外部専門機関との連絡体制の構築等）。
リスク評価	・反社会的勢力による不当要求に応じることや、反社会的勢力と取引を行うことは、多大なリスクであることを認識し、反社会的勢力との関係遮断を行う。 ・特に、事業活動上の不祥事や従業員の不祥事を理由とする不当要求に対して、事案を隠ぺいするための裏取引を行うことは、企業の存立そのものを危うくするリスクであることを十分に認識し、裏取引を絶対に行わない。
統制活動	・反社会的勢力による不当要求への対応マニュアルを策定する。 ・不当要求防止責任者講習を受講し、また、社内研修を実施する。 ・反社会的勢力との関係遮断の取組について、適切な人事考課（表彰や懲戒等）を行うとともに、反社会的勢力との癒着防止のため、適正な人事配置転換を行う。
情報と伝達	・反社会的勢力による不当要求がなされた場合には、直ちに専門部署へその情報が集約されるなど、指揮命令系統を明確にしておく。 ・反社会的勢力の情報を集約したデータベースを構築する。 ・外部専門機関への通報や連絡を手順化しておく。
監視活動	・内部統制システムの運用を監視するための専門の職員（リスク・マネージャーやコンプライアンス・オフィサー等）を配置する。

第**3**章

経営活動を
適切かつ有効に行う
経営管理体制の整備

An investment in knowledge pays the best interest.

コーポレート・ガバナンス体制の確立に向けた体制の整備

STEP1 事案から上場ルールを理解する

1 企業内部の自浄作用が働かないリスク

　近年、不正会計等の企業不祥事が相次いでおり、その結果、投資家や社会からの信頼が失われ、企業活動に大きな影響を与えています。これらの問題を受けて、コーポレート・ガバナンスの重要性に対する認識が高まっています。すなわち、上場企業は株主をはじめとした多様なステークホルダーからの信頼を獲得し、持続的な成長を実現することが求められているため、上場審査においては、健全な経営を行うための体制が整備されているかどうかが厳しく審査されることになります。IPO準備においてコーポレート・ガバナンス体制の整備は非常に重要であるといえます。

　日本におけるコーポレート・ガバナンスの議論は、バブル経済崩壊後の1990年代初頭から、企業不祥事の発生、外国人投資家の持ち株比率の高まり、機関投資家の積極的な発言等を背景に、健全な企業経営を確保するための規律づけとして始まったといわれています。従来、戦後の日本メインバンクを中心としたガバナンス体制によっていましたが、1990年代の金融行政の崩壊や規制緩和等の影響を受け、日本においてもコーポレート・ガバナンスが注目され、資本市場においても強く体制の整備が求められるようになりました。

　ここで、過去に社会的に大きな影響を与えたコーポレート・ガバナンスに関する事件として、山一証券株式会社という当時の巨大証券会社の一角が自主廃業を決定した事件を見てみましょう。

| Case09 | コーポレート・ガバナンスの機能不全により自主廃業にまで至った山一証券 |

背景

1997年11月24日、かつて日本に存在した大手証券会社であった山一証券株式会社が自主廃業を決定した。当時の四大証券会社とされていたうちの1社の廃業は社会に大きなショックを与えた。

同社は、1980年代後半のバブル景気を受け、営業特金とよばれる金融商品を利用して急速に運用を拡大していた。拡大の背景には、「にぎり[1]」や「飛ばし[2]」といった違法な行為になる可能性が高い取引の横行があったとされているが、これらの行為により山一証券は多額の簿外債務を抱え、結果として自主廃業という選択肢をとることになったのである。

[1] 顧客との間で主に口頭で利回りの保証を約束した違法な行為になる可能性の高い取引
[2] 含み損の生じた有価証券をその損失を表面化させないために企業間の市場外取引により時価と乖離した価額で売却することによる粉飾行為

原因・問題点

山一証券が自主廃業の道をたどることとなった要因としては様々な見解があるが、「法人の山一」という過去の成功体験に基づく経験主義に陥り、戦後における証券市場の大勢をなす「証券民主化による大衆化路線」に決定的に乗り遅れてしまったことが一つの要因であるという見方がある。

過去の成功体験に基づいて形成されてきた「社内主流派」が最終的に確立し、一切の反対意見を封じ込めてしまい、社内のチェック機能を喪失することによって、経営環境の大きな変化に対応する経営戦略の転換の機会を逃すことになったという。また、この社内のチェック機能の喪失は、経営陣のトップの責任追及を回避したいという自己保身も手伝って、飛ばしによって発生した「含み損（簿外債務）」を隠蔽するという組織的犯罪を引き起し、それが山一の信用を決定的に失墜させ、経営破綻へと導くことになったとされる[3]。

社内における自浄作用が働かなかった点で、コーポレート・ガバナンスに問題があったといえるだろう。

※3　服部泰彦「山一証券の経営破綻とコーポレート・ガバナンス」『立命館経営学』、2002年3月

事案の与えた影響

　本事案だけの影響ではないが、1990年代に起きた様々な企業不祥事や、諸外国からの要請を受け、従前の日本的経営のもとに行われたメインバンクによる日本型のコーポレート・ガバナンスは監視力が落ちたとされ、コーポレート・ガバナンスの変革への関心が高まった。

　そのような状況を踏まえ、1993年の商法改正では監査役の任期の伸長による地位強化や、監査役会制度の法定化がなされ、大会社においては3名以上の監査役設置を強制し、そのうち1名以上を社外監査役とすることが義務づけられた。

　さらに、2001年の商法改正においては、監査役の権限やガバナンス機能をさらに強化すべく、監査役任期のさらなる伸張や、取締役会への出席および意見陳述義務の明文化、辞任時の株主総会における意見陳述権を与え、商法特例法上の大会社では監査役の半数を社外監査役とすることの義務づけや、監査役の選任時における監査役会の同意権・提案権等の付与がなされた。

　その後2002年の商法改正においては、大会社は米国型の機関設計である委員会等設置会社と従前の日本型の監査役会設置会社のいずれかの方式を選択できるようになった。

　また、東京証券取引所も1999年に上場企業に対して「コーポレート・ガバナンスの充実について」を要請するとともに、コーポレート・ガバナンスに関する施策の決算短信での開示を要請している。

　上場企業として、投資家や株主からの信頼を得るためには、公正で透明な経営が求められます。これを達成するためには、効果的なコーポレート・ガバナンス体制が必要です。これにより、企業はリスク管理を強化し、不適切な行為を防止し、企業価値を高めることができます。

　我が国では、バブル経済崩壊後の1990年代初頭から、企業不祥事の発生、

外国人投資家の持ち株比率の高まり、機関投資家の積極的な発言等を背景に、健全な企業経営を確保するための規律づけとして内部統制やコーポレート・ガバナンスの議論が始まったとされています[1]。

その後、バブル経済の崩壊からの失われた10年経て、我が国における一連のコーポレート・ガバナンス改革が一つ形として整ってきました。しかし、その後も本書で紹介するような企業不祥事等もあいつぐ中で、2005年に旧商法や有限会社法、商法特例法等を統合・再編成が行われた会社法が制定されることになりました。

会社法の制定時には監査役を任意設置の機関化、会計監査人の選任・解任・不再任への同意権、会計監査人の報酬への同意権、大会社における内部統制システムの構築の基本方針の決定の義務化等のようにコーポレート・ガバナンスに関連する制度変更がいくつもなされました。

会社法制定後も細かい改正がたびたびおこなわれていましたが、コーポレート・ガバナンスに関連する基本的な制度には大きな改正はなされていません。

一方、我が国の経済は2008年のリーマン・ショック[2]の影響で景気が大きく落ち込みました。そのような中で徐々に企業収益の回復が見られてきた2014年、当時の安倍内閣が閣議決定した「日本再興戦略改訂2014」の中で持続的な企業価値向上のための自律的な対応を促すことを通じ、企業、投資家、ひいては経済全体にも寄与することを期待して「コーポレートガバナンス・コード」の策定する方針を決定しました。

コーポレートガバナンス・コードの策定に当たっては、東京証券取引所のコーポレート・ガバナンスに関する既存のルール、ガイダンス等や「OECDコーポレートガバナンス原則」を踏まえ、我が国企業の実情等にも沿い、国際的にも評価が得られるものとするために、東京証券取引所と金融庁が共同事務局となって策定し、2015年6月1日に東京証券取引所は、「コーポレートガバナンス・コード」を当取引所の有価証券上場規程の別添として定めるとともに、関連する上場制度の整備を行い、適用を開始しました。

その後、2015年の会社法の改正や2019年の会社法改正により、第三の機関

設計である監査等委員会設置会社が導入される等のようにコーポレート・ガバナンスの一層の強化がなされるとともに、「コーポレートガバナンス・コード」も2018年、2021年と２回改訂されています。

そして、いまなお改革は終わりを迎えることなく、近年は「サスティナブル（持続可能）な社会」の実現に向け、企業が長期的成長を目指す上でESG（環境（Environment）・社会（Social）・ガバナンス（Governance））の３つの観点を重視した経営が求められています。

このような時代背景の中において、上場企業には高度なコーポレート・ガバナンス体制の確立が求められています。

※１　八田進二「ガバナンス議論の原点を振り返る」『コーポレート・ガバナンス』（vol.10、2022年８月号）を参考にしている。
※２　2008年９月に米国の大手投資銀行であったリーマン・ブラザーズがサブプライムローン関連で多額の損失を計上したことにより、経営破綻したことを契機に起きた世界的な株価下落、金融・経済危機のこと

以下では、近年の不祥事について、コーポレート・ガバナンスの脆弱さが指摘されている事例をいくつか見てみます。

▎株式会社エナリス（2014年12月18日「追加報告書」）

■事案の概要

一部WEBで話題となっていた架空取引疑惑に対して第三者調査委員会を立ち上げ、調査を委託した。

調査報告書においては、７つの取引について不適切な会計処理であると認定した。

また、その原因としては社長、会長の独断専行による取引の実行を中心に、多くの問題点を指摘している。

■報告書で指摘される問題点

報告書では「コーポレート・ガバナンス及び内部統制の重要部分が機能不全」として以下のような事項が指摘されている。

ア　取締役会の監視・牽制機能の不全

「エナリスの取締役会規程においては、『年商10億円以上の契約の締結および解約』『１億円以上の投資、債務保証および多額の借財』『５千万円以上の財産の取得および処分』について取締役会決議が必要とされているが、企業規模に比して金額基準は比較的高額に設定されていると評価できる上、本来取締役会決議が必要であるにもかかわらず取締役会に付議されないまま実行されている案件も散見された。

　また、取締役会に付議された案件についても、池田社長及び久保会長が主導する案件については、他の役員から的確な問題点の指摘があることは少なく、妥当性又は適正性等について監視・牽制するという取締役会本来の機能が十分に果たされていない状況が見受けられた。」

イ　内部監査室の機能不全

「エナリスにおいては、新規上場の際に内部監査室を設置した後、実質的な内部監査はほとんど行われていない。また、現在も内部監査室自体は存在するものの、組織として十分な体制を整えているとはいえず、内部監査により本件取引等を未然に防止する効果を期待できる状況にはなかった。」（抜粋）

ウ　管理担当取締役の不在

「エナリスにおいては、管理担当の取締役が存在せず、このことも過度に売上を重視する傾向を抑止することができず、本件取引等の発生を未然に防止することができなかった一因と考えられる。」（抜粋）

▌日産自動車株式会社（2019年３月27日付「ガバナンス改善特別委員会報告書」）

■事案の概要

　2018年11月に東京地検特捜部が日産自動車の元会長であったカルロス・ゴーン氏及び外国人役員を、自身の役員報酬を有価証券報告書に過少記載したとして、金融商品取引法違反（虚偽の有価証券報告書提出）の容疑で逮捕し、その後、保釈と再逮捕を繰り返した後に保釈期間中に国外逃亡を図った事件である。

　国外逃亡し、裁判が進行していないため真相は不明なところもあるが、新

聞報道や特別委員会の報告書等によれば、ゴーン氏は、開示される自らの取締役報酬の金額を減らすため、自らに付与した取締役報酬の一部について支払時期を退任後に繰り延べるなどしてその開示をしなかったことや、役員退職慰労金の打切支給としてゴーン氏に支払われる金額を増額するため書類の改ざん、株価連動型インセンティブ報酬の開示を避けるため報酬内容の操作や書類の改ざん、ゴーン氏による会社資金・経費の私的利用等様々な点が指摘されている。

また、ガバナンス改善特別委員会の報告書によれば、

「本件不正行為等は、一言で言うならば、「典型的な経営者不正」である。しかも、経営者が私的利益を追求している点で、いわゆる「会社のため」を不正の正当化根拠としていた過去の上場会社での経営者不正（粉飾決算・不正会計）と根本的に異なる。」

として、機関設計も含めた、広範なガバナンス上の問題点を指摘している。

■報告書で指摘される問題点

報告書では「根本原因」として以下のような事項が指摘されている。

１．１人の取締役に権限が集中したこと（特に人事・報酬）

「ゴーン氏は、人事と報酬に関する権限を実質的に掌握することで、自身への権限集中を実現した。ゴーン氏の人事政策が不公正・不透明であり、ゴーン氏の意見に異を唱えた人材が左遷・退社させられているという指摘が複数見られた。

ゴーン氏をCEOとする体制が長期化し、ゴーン氏が事実上１人で業績目標を決めてきたことで、業績目標の設定が過度にトップダウンの形で行われるようになり、短期の成果主義・効率主義に偏重する傾向がみられるようになった。その結果、トップダウンで届く業績目標に対して、反論したり「できないと言えない」企業風土が醸成されていった。」（抜粋）

２．一部の管理部署がブラックボックス化したこと

「人事本部、CEOオフィス、秘書室、法務室、内部監査室等、数々の主要な部署の責任者たる地位を…特定少数の者に集中させ、ゴーン氏の報酬や会社資金・経費の私的利用に関与する役職員を限定した。これらの責任者は、報酬支払いや資金の私的利用に関連する問題を他部署などから指摘された場合、「CEO案件」であると説明するなどして詳細の説明を拒んだ。これ

により、ゴーン氏は一部の管理部署のブラックボックス化を実現した。」（抜粋）

3．取締役会の監督機能が一部有効に機能しなかったこと

「取締役会について、会議をできる限り短い時間で終了することを求め、会議の場で議案に対する質問や意見をさせない雰囲気を作った。…また、ゴーン氏は、自己の利益を図る取引に関して、取締役会において利益相反取引の承認を得る必要がある場合も、必要な事実を開示しなかった。取締役会に参加した取締役は提出された議案に関して不自然さを探知することができず、このような取締役会の状況について、監査役もかかる状況を是正できなかった。」（抜粋）

4．他の会社機関の監視・監査機能が一部有効に機能しなかったこと

「本件不正行為等においては、例えば、非連結子会社に対する監視・監査の程度が連結子会社に対するそれと比べて低いことを踏まえて、非連結子会社とされたZiA社が利用されていた。また、監査役は、かかる非連結子会社の実態に疑問を抱いたが、…特定少数の者がブラックボックス化した部署の存在により、その実態の解明には至らなかった。」（抜粋）

5．社内各部署の牽制機能が一部有効に機能しなかったこと

「ゴーン氏の報酬支払いや資金の私的利用の一部は、これに深く関与した秘書室やCEOオフィスの他にも、法務室、内部監査室、経理部といった、他部署の目に触れる機会が全くないわけではなかった。しかしながら、当該他部署は、金額が日産の業務執行における判断基準からすると相対的に少額であったことから、問題を探知するに至らなかった。また、問題を探知した場合も、例えば、探知した部署が法務室や内部監査室である場合、ゴーン氏が…特定少数の者に集中させ、当該部署の責任者が了解しているという外観を創り出したことによって、当該部署はそれ以上の追及をすることができなかった。また、探知した部署が経理部である場合、…特定少数の者によりブラックボックス化された部署の存在により、当該部署はそれ以上の追及をすることができなかった。」（抜粋）

▌株式会社プレサンスコーポレーション（2020年3月31日付「調査報告書」）

■事案の概要

　学校法人明浄学院の土地売買代金に関する対価の一部である21億円が関係法人に順次送金され、創業者で当時の代表取締役社長にわたったとして、元代表取締役社長や学校法人明浄学院元理事長を含む6名が逮捕・起訴された事件である（ただし、大阪地裁は元代表取締役社長に対して「着服計画を認識していたとするには合理的な疑いが残る」として無罪判決を言い渡しており、後に確定している）。

　上記の容疑に関して検討することが本旨ではないため、本書では触れないが、株式会社プレサンスコーポレーションが公表した調査報告書において、当該取引が実行される過程におけるガバナンス上の数多くの問題点が指摘されている。

■報告書で指摘される問題点

　報告書では「ガバナンス上の問題点」として以下のような事項が指摘されている。

1　巨大化した個人商店
2　相互牽制・チェック体制の不備
　（1）　土地仕入業務におけるチェック体制の不備
　（2）　稟議プロセスにおけるチェック体制の不備
　（3）　進捗管理体制の不備
3　極端な縦割り体制と競争を助長する風土
　（1）極端な縦割り体制
　（2）競争を助長する風土
4　経営課題を議論する場の不存在
　（1）部門同士の縦割り体制
　（2）経営会議等の幹部会議の不存在
5　取締役会等の形骸化
「以上のとおり、プレサンスの取締役会は、プレサンスの経営上の課題や重要事項について議論・決定を行う場というよりは、山岸前社長に対して、各役員が業務報告を行う場としての色彩が強く、社外取締役に対して適切

122

な情報が提供されていたとは認められず、ガバナンスの要として機能していたとは言い難い状況にあった。また、取締役会を補完するために設置された役員ミーティングも同様であり、十分にその機能を果たしてはいなかった。」（抜粋）

6　監査体制の脆弱さ

「内部監査部門は、内部監査課長1名で構成されており、内部監査部門は、プレサンス及びプレサンスの子会社のうち、住販、リアルエステート及び三立プレコン株式会社の内部監査を行っている。業績が急拡大している上場したばかりの企業にとって、内部監査部門に十分な人数の職員を配置することが困難であることを勘案したとしても、プレサンスの業容の大きさに照らすと、内部監査課長1名でプレサンス及びその主要な子会社の内部監査を一手に引き受けるという体制は、極めて脆弱であると言わざるを得ない。

　また、1名という脆弱な体制では、深度のある内部監査の実現は期待することができない上、後述するとおり、そもそもプレサンスでは社内ルールの整備が不十分であったため、内部監査においてルールの遵守状況をチェックするということができない状況であった。

　以上のとおり、内部監査部門がこのような脆弱な体制であったことを踏まえると、監査等委員会がその機能を十分に果たすことも期待できない。上記5記載のとおり、プレサンスにおいて、経営戦略や経営計画と呼べるものが実質的に存在しなかったことも考え合わせると、プレサンスは、形の上では監査等委員会設置会社であったものの、その実質は伴っていなかったと言わざるを得ない。」（抜粋）

7　社外取締役の不活用

「社外取締役は、「使い倒して」初めてその存在価値が出てくるが、社外取締役を使い倒すためには、企業の側にも相応の体制が必要である。プレサンスには、社外取締役を「使い倒す」ための準備や態勢が整っていなかったと言わざるを得ない。」（抜粋）

8　社内ルールの不備

9　取締役のリスク感度の低さ

10　山岸前社長が個人的に18億円の貸付けを行ったことについて

11 山岸前社長による公私混同の黙認

STEP2
実務における重要ポイントを確認する

2 チェックシート コーポレート・ガバナンス体制の構築

コーポレート・ガバナンス体制の構築は、「会社法」と「コーポレートガバナンス・コード」を意識して構築していくことが重要です。

自社の現状の組織を理解し、「会社法」と「コーポレートガバナンス・コード」を踏まえて将来ありたい機関設計等を検討し、それに向けた人材の確保や所定の手続を進めていくことになります。

下表は、コーポレート・ガバナンス体制構築の代表的なチェックポイントをまとめたものです。

CheckSheet

I　機関設計

Check!
☐ 現在の機関設計を踏まえ上場時にあるべき機関設計を想定していますか。

　現在の機関設計を理解するとともに、株式上場に必要なコーポレート・ガバナンス体制としてどのような機関設計を目指すのかを検討しましょう。
　※　公開会社である大会社の機関設計は6パターンのみとなります。
　※　上場したい市場によって求められる体制や設置の時期が異なってきます。

Check!

☐ コーポレートガバナンス・コードを理解し、自社が目指すべきコーポレート・ガバナンス体制を検討していますか。

　「コーポレートガバナンス・コード」は、上場会社が遵守すべきガバナンスのあり方を示すものです。そのためIPO準備を進めるにあたっては、「コーポレートガバナンス・コード」を常に意識し、それに沿った形でガバナンス体制の構築をしていくことが重要と考えられます。

Check!

☐ 取締役や監査役等は適切な人選により必要な員数を確保できる見込みですか。

　目指すべきコーポレート・ガバナンス体制にあたり必要となってくる背景や能力を有する人材を早期に理解し、計画的に採用を進めていく必要があります。

　※　会社法や取引所の自主規制に従った社外役員や独立役員の員数には特に注意が必要となります。
　※　人材によっては、人材市場の状況により円滑に採用が進まないこともあるため、特に注意が必要となります。

Ⅱ　コーポレート・ガバナンス体制の実効性の確保

Check!

☐ 株主総会や取締役会、監査役会等は適切に開催されていますか。

　設置されている各機関の運営は、会社法に準拠し適法に行われることが求められます。

　※　各機関における専決事項、招集手続や議事等に瑕疵がない運営が求められてきます。
　※　各種機関の設置後は運用が後回しとならず、そして実効性ある運営となるように、開催することが必要です。

Check!

☐ 監査役会等による監査を実施していますか。

　　監査役会（監査等委員会、監査委員会）が実際に組織され、監査計画、監査手続の策定と実行、監査結果の報告といった一連の流れが実際に行われており、実効性のある監査の実施が求められています。

Check!

☐ 会計監査人候補となる監査法人等とは早期から接触を図っていますか。

　　有価証券上場規程第437条では上場時の会社法上の機関として会計監査人の設置が求められています。

　　ただし、会計監査人は上場時に選任すればよいというわけではなく、上場申請書類に含まれる財務諸表等には少なくとも上場申請前2期間の監査報告書を添付することが求められています。

　　また、IPO準備の過程で資金調達を行った結果、会社法上の大会社に該当することになった場合には会計監査人の設置が義務づけられることがあります。

　　なお、2022年5月18日に公布された公認会計士法及び金融商品取引法の一部を改正する法律では、上場会社等の財務書類について監査証明業務を行う監査法人等に対する登録制度の導入がなされ、IPO準備の過程で監査証明業務を行うことができる監査法人等は限定されることになります。

Check!

☐ 内部監査のための人員は早期に確保し、運用する準備はできていますか。

　　内部監査は、経営者自身が、会社財産の保全や適法かつ効率的な業務運営を担保するために行うものであり、基本的には、特定の部門の影響を受けない独立した部門により実施されることが望ましいとされ、

上場審査においては内部監査制度の整備とその運用状況が厳しくみられることになります。

STEP3　ルールをさらに詳しく知る

3　コーポレート・ガバナンスとIPO

　コーポレート・ガバナンスとは、会社が、株主をはじめ顧客・従業員・地域社会等の立場を踏まえた上で、透明・公正かつ迅速・果断な意思決定を行うための仕組みのことで、株主やステークホルダーの利益を守るために重要な概念です。

　上場審査においては、企業のコーポレート・ガバナンス及び内部管理体制の有効性が重要な審査項目となります。具体的には、コーポレート・ガバナンス及び内部管理体制が、企業の規模や成熟度等に応じて整備され、適切に機能していることが求められます。

4　コーポレートガバナンス・コード

　「コーポレートガバナンス・コード」とは東京証券取引所が、実効的なコーポレート・ガバナンスの実現に資する主要な原則を取りまとめたものです。これらが適切に実践されることで、それぞれの会社において持続的な成長と中長期的な企業価値の向上のための自律的な対応が図られることを通じて、会社、投資家、ひいては経済全体の発展にも寄与することとなります。

　コーポレートガバナンス・コードは、5つの『基本原則』とそれにもとづく『原則』・『補充原則』という3つの階層構造となっています。『基本原則』は、コーポレート・ガバナンスの目的や理念を示したものであり、『原則』『補充原則』では、基本原則が具体化され、細分化されていきます。プライム市場・スタンダード市場の上場会社はコードの全原則について、グロース市場の上場会社はコードの基本原則について、実施しないものがある場合には、その理由を説明することが求められます。

ここに、コーポレートガバナンス・コードの「プリンシプルベース・アプローチ」、「コンプライ・オア・エクスプレインの枠組み」といった特徴が表れています。

　すなわち、コーポレートガバナンス・コードは企業のコーポレート・ガバナンス確立にあたって、原則のみを示すこととし、その適用については各社の状況に照らしてそれぞれの判断に委ねることとされています。このような考え方を「プリンシプルベース・アプローチ」といいます。

　また、上記の考え方に基づき、各社はコーポレートガバナンス・コードで定められた『基本原則』『原則』『補充原則』について各社の判断により実施しないことも可能となります。ただし、実施しない場合には株主やステークホルダーなどに対して実施しない理由を説明することが求められます。これを「コンプライ・オア・エクスプレインの枠組み」といいます。

　上場審査においては、東京証券取引所が定めたコーポレートガバナンス・コードに対する企業の対応状況も評価されます。

■コーポレートガバナンス・コードの概要

2021年6月11日公表のコーポレートガバナンス・コードを抜粋すると以下のようになっている。

基本原則	株主の権利・平等性の確保
	1. 上場会社は、株主の権利が実質的に確保されるよう適切な対応を行うとともに、株主がその権利を適切に行使することができる環境の整備を行うべきである。 　また、上場会社は、株主の実質的な平等性を確保すべきである。少数株主や外国人株主については、株主の権利の実質的な確保、権利行使に係る環境や実質的な平等性の確保に課題や懸念が生じやすい面があることから、十分に配慮を行うべきである。

原則

【原則1-1. 株主の権利の確保】
　上場会社は、株主総会における議決権をはじめとする株主の権利が実質的に確保されるよう、適切な対応を行うべきである。

【原則1-2. 株主総会における権利行使】
　上場会社は、株主総会が株主との建設的な対話の場であることを認識し、株主の視点に立って、株主総会における権利行使に係る適切な環境整備を行うべきである。

【原則1-3. 資本政策の基本的な方針】
　上場会社は、資本政策の動向が株主の利益に重要な影響を与え得ることを踏まえ、資本政策の基本的な方針について説明を行うべきである。

【原則1-4. 政策保有株式】
　上場会社が政策保有株式として上場株式を保有する場合には、政策保有株式の縮減に関する方針・考え方など、政策保有に関する方針を開示すべきである。また、毎年、取締役会で、個別の政策保有株式について、保有目的が適切か、保有に伴う便益やリスクが資本コストに見合っているか等を具体的に精査し、保有の適否を検証するとともに、そうした検証の内容について開示すべきである。
　上場会社は、政策保有株式に係る議決権の行使について、適切な対応を確保するための具体的な基準を策定・開示し、その基準に沿った対応を行うべきである。

【原則1-5. いわゆる買収防衛策】
　買収防衛の効果をもたらすことを企図してとられる方策は、経営陣・取締役会の保身を目的とするものであってはならない。その導入・運用については、取締役会・監査役は、株主に対する受託者責任を全うする観点から、その必要性・合理性をしっかりと検討し、適正な手続を確保するとともに、株主に十分な説明を行うべきである。

【原則1-6. 株主の利益を害する可能性のある資本政策】
　支配権の変動や大規模な希釈化をもたらす資本政策（増資、MBO等を含む）については、既存株主を不当に害することのないよう、取締役会・監査役は、株主に対する受託者責任を全うする観点から、その必要性・合理性をしっかりと検討し、適正な手続を確保するとともに、株主に十分な説明を行うべきである。

【原則1-7. 関連当事者間の取引】
　上場会社がその役員や主要株主等との取引（関連当事者間の取引）を行う場合には、そうした取引が会社や株主共同の利益を害することのないよう、また、そうした懸念を惹起することのないよう、取締役会は、あらかじめ、取引の重要性やその性質に応じた適切な手続を定めてそ

131

の枠組みを開示するとともに、その手続を踏まえた監視（取引の承認を含む）を行うべきである。

補充原則

1-1① 取締役会は、株主総会において可決には至ったものの相当数の反対票が投じられた会社提案議案があったと認めるときは、反対の理由や反対票が多くなった原因の分析を行い、株主との対話その他の対応の要否について検討を行うべきである。

1-1② 上場会社は、総会決議事項の一部を取締役会に委任するよう株主総会に提案するに当たっては、自らの取締役会においてコーポレートガバナンスに関する役割・責務を十分に果たし得るような体制が整っているか否かを考慮すべきである。他方で、上場会社において、そうした体制がしっかりと整っていると判断する場合には、上記の提案を行うことが、経営判断の機動性・専門性の確保の観点から望ましい場合があることを考慮に入れるべきである。

1-1③ 上場会社は、株主の権利の重要性を踏まえ、その権利行使を事実上妨げることのないよう配慮すべきである。とりわけ、少数株主にも認められている上場会社及びその役員に対する特別な権利（違法行為の差止めや代表訴訟提起に係る権利等）については、その権利行使の確保に課題や懸念が生じやすい面があることから、十分に配慮を行うべきである。

1-2① 上場会社は、株主総会において株主が適切な判断を行うことに資すると考えられる情報については、必要に応じ適確に提供すべきである。

1-2② 上場会社は、株主が総会議案の十分な検討期間を確保することができるよう、招集通知に記載する情報の正確性を担保しつつその早期発送に努めるべきであり、また、招集通知に記載する情報は、株主総会の招集に係る取締役会決議から招集通知を発送するまでの間に、TDnet や自社のウェブサイトにより電子的に公表すべきである。

1-2③ 上場会社は、株主との建設的な対話の充実や、そのための正確な情報提供等の観点を考慮し、株主総会開催日をはじめとする株主総会関連の日程の適切な設定を行うべきである。

1-2④ 上場会社は、自社の株主における機関投資家や海外投資家の比率等も踏まえ、議決権の電子行使を可能とするための環境作り（議決権電子行使プラットフォームの利用等）や招集通知の英訳を進めるべきである。特に、プライム市場上場会社は、少なくとも機関投資家向けに議決権電子行使プラットフォームを利用可能とすべきである。

1-2⑤ 信託銀行等の名義で株式を保有する機関投資家等が、株主総会において、信託銀行等に代わって自ら議決権の行使等を行うことをあらかじめ希望する場合に対応するため、上場会社は、信託銀行等と協議しつつ検討を行うべきである。

1-4① 上場会社は、自社の株式を政策保有株式として保有している会社（政策保有株主）からその株式の売却等の意向が示された場合には、取引の縮減を示唆することなどにより、売却等を妨げるべきではない。

1-4② 上場会社は、政策保有株主との間で、取引の経済合理性を十分に検証しないまま取引を継続するなど、会社や株主共同の利益を害するような取引を行うべきではない。

1-5① 上場会社は、自社の株式が公開買付けに付された場合には、取締役会としての考え方（対抗提案があればその内容を含む）を明確に説明すべきであり、また、株主が公開買付けに応じて株式を手放す権利を不当に妨げる措置を講じるべきではない。

| 基本原則 | 株主以外のステークホルダーとの適切な協働 |

2. 上場会社は、会社の持続的な成長と中長期的な企業価値の創出は、従業員、顧客、取引先、債権者、地域社会をはじめとする様々なステークホルダーによるリソースの提供や貢献の結果であることを十分に認識し、これらのステークホルダーとの適切な協働に努めるべきである。取締役会・経営陣は、これらのステークホルダーの権利・立場や健全な事業活動倫理を尊重する企業文化・風土の醸成に向けてリーダーシップを発揮すべきである。

| 原則 | |

【原則2-1. 中長期的な企業価値向上の基礎となる経営理念の策定】

　上場会社は、自らが担う社会的な責任についての考え方を踏まえ、様々なステークホルダーへの価値創造に配慮した経営を行いつつ中長期的な企業価値向上を図るべきであり、こうした活動の基礎となる経営理念を策定すべきである。

【原則2-2. 会社の行動準則の策定・実践】

　上場会社は、ステークホルダーとの適切な協働やその利益の尊重、健全な事業活動倫理などについて、会社としての価値観を示しその構成員が従うべき行動準則を定め、実践すべきである。取締役会は、行動準則の策定・改訂の責務を担い、これが国内外の事業活動の第一線にまで広く浸透し、遵守されるようにすべきである。

【原則2-3. 社会・環境問題をはじめとするサステナビリティを巡る課題】

　上場会社は、社会・環境問題をはじめとするサステナビリティを巡る課題について、適切な対応を行うべきである。

【原則2-4. 女性の活躍促進を含む社内の多様性の確保】

　上場会社は、社内に異なる経験・技能・属性を反映した多様な視点や価値観が存在することは、会社の持続的な成長を確保する上での強みとなり得る、との認識に立ち、社内における女性の活躍促進を含む多様性の確保を推進すべきである。

【原則2-5. 内部通報】

　上場会社は、その従業員等が、不利益を被る危険を懸念することなく、違法または不適切な行為・情報開示に関する情報や真摯な疑念を伝えることができるよう、また、伝えられた情報や疑念が客観的に検証され適切に活用されるよう、内部通報に係る適切な体制整備を行うべきである。取締役会は、こうした体制整備を実現する責務を負うとともに、その運用状況を監督すべきである。

【原則2-6. 企業年金のアセットオーナーとしての機能発揮】

　上場会社は、企業年金の積立金の運用が、従業員の安定的な資産形成に加えて自らの財政状態にも影響を与えることを踏まえ、企業年金が運用（運用機関に対するモニタリングなどのスチュワードシップ活動を含む）の専門性を高めてアセットオーナーとして期待される機能を発揮できるよう、運用に当たる適切な資質を持った人材の計画的な登用・配置などの人事面や運営面における取組みを行うとともに、そうした取組みの内容を開示すべきである。その際、上場会社は、企業年金の受益者と会社との間に生じ得る利益相反が適切に管理されるようにすべきである。

| 補充原則 | |

2-2①　取締役会は、行動準則が広く実践されているか否かについて、適宜または定期的にレビューを行うべきである。その際には、実質的に行動準則の趣旨・精神を尊重する企業文化・風土が存在するか否かに重点を置くべきであり、形式的な遵守確認に終始すべきではない。

2-3①　取締役会は、気候変動などの地球環境問題への配慮、人権の尊重、従業員の健康・労働

133

環境への配慮や公正・適切な処遇、取引先との公正・適正な取引、自然災害等への危機管理など、サステナビリティを巡る課題への対応は、リスクの減少のみならず収益機会にもつながる重要な経営課題であると認識し、中長期的な企業価値の向上の観点から、これらの課題に積極的・能動的に取り組むよう検討を深めるべきである。

2-4① 上場会社は、女性・外国人・中途採用者の管理職への登用等、中核人材の登用等における多様性の確保についての考え方と自主的かつ測定可能な目標を示すとともに、その状況を開示すべきである。

また、中長期的な企業価値の向上に向けた人材戦略の重要性に鑑み、多様性の確保に向けた人材育成方針と社内環境整備方針をその実施状況と併せて開示すべきである。

2-5① 上場会社は、内部通報に係る体制整備の一環として、経営陣から独立した窓口の設置（例えば、社外取締役と監査役による合議体を窓口とする等）を行うべきであり、また、情報提供者の秘匿と不利益取扱の禁止に関する規律を整備すべきである。

基本原則	適切な情報開示と透明性の確保

3. 上場会社は、会社の財政状態・経営成績等の財務情報や、経営戦略・経営課題、リスクやガバナンスに係る情報等の非財務情報について、法令に基づく開示を適切に行うとともに、法令に基づく開示以外の情報提供にも主体的に取り組むべきである。

その際、取締役会は、開示・提供される情報が株主との間で建設的な対話を行う上での基盤となることも踏まえ、そうした情報（とりわけ非財務情報）が、正確で利用者にとって分かりやすく、情報として有用性の高いものとなるようにすべきである。

原則

【原則3-1. 情報開示の充実】

　上場会社は、法令に基づく開示を適切に行うことに加え、会社の意思決定の透明性・公正性を確保し、実効的なコーポレートガバナンスを実現するとの観点から、（本コードの各原則において開示を求めている事項のほか、）以下の事項について開示し、主体的な情報発信を行うべきである。

　　(i)会社の目指すところ（経営理念等）や経営戦略、経営計画

　　(ii)本コードのそれぞれの原則を踏まえた、コーポレートガバナンスに関する基本的な考え方と基本方針

　　(iii)取締役会が経営陣幹部・取締役の報酬を決定するに当たっての方針と手続

　　(iv)取締役会が経営陣幹部の選解任と取締役・監査役候補の指名を行うに当たっての方針と手続

　　(v)取締役会が上記(iv)を踏まえて経営陣幹部の選解任と取締役・監査役候補の指名を行う際の、個々の選解任・指名についての説明

【原則3-2. 外部会計監査人】

　外部会計監査人及び上場会社は、外部会計監査人が株主・投資家に対して責務を負っていることを認識し、適正な監査の確保に向けて適切な対応を行うべきである。

補充原則

3-1① 上記の情報の開示（法令に基づく開示を含む）に当たって、取締役会は、ひな型的な記述や具体性を欠く記述を避け、利用者にとって付加価値の高い記載となるようにすべきである。

3-1② 上場会社は、自社の株主における海外投資家等の比率も踏まえ、合理的な範囲において、

英語での情報の開示・提供を進めるべきである。

特に、プライム市場上場会社は、開示書類のうち必要とされる情報について、英語での開示・提供を行うべきである。

3-1③　上場会社は、経営戦略の開示に当たって、自社のサステナビリティについての取組みを適切に開示すべきである。また、人的資本や知的財産への投資等についても、自社の経営戦略・経営課題との整合性を意識しつつ分かりやすく具体的に情報を開示・提供すべきである。

特に、プライム市場上場会社は、気候変動に係るリスク及び収益機会が自社の事業活動や収益等に与える影響について、必要なデータの収集と分析を行い、国際的に確立された開示の枠組みであるTCFDまたはそれと同等の枠組みに基づく開示の質と量の充実を進めるべきである。

3-2①　監査役会は、少なくとも下記の対応を行うべきである。

(i)外部会計監査人候補を適切に選定し外部会計監査人を適切に評価するための基準の策定

(ii)外部会計監査人に求められる独立性と専門性を有しているか否かについての確認

3-2②　取締役会及び監査役会は、少なくとも下記の対応を行うべきである。

(i)高品質な監査を可能とする十分な監査時間の確保

(ii)外部会計監査人からCEO・CFO等の経営陣幹部へのアクセス（面談等）の確保

(iii)外部会計監査人と監査役（監査役会への出席を含む）、内部監査部門や社外取締役との十分な連携の確保

(iv)外部会計監査人が不正を発見し適切な対応を求めた場合や、不備・問題点を指摘した場合の会社側の対応体制の確立

基本原則

取締役会等の責務

4.　上場会社の取締役会は、株主に対する受託者責任・説明責任を踏まえ、会社の持続的成長と中長期的な企業価値の向上を促し、収益力・資本効率等の改善を図るべく、

(1)　企業戦略等の大きな方向性を示すこと

(2)　経営陣幹部による適切なリスクテイクを支える環境整備を行うこと

(3)　独立した客観的な立場から、経営陣（執行役及びいわゆる執行役員を含む）・取締役に対する実効性の高い監督を行うこと

をはじめとする役割・責務を適切に果たすべきである。

　こうした役割・責務は、監査役会設置会社（その役割・責務の一部は監査役及び監査役会が担うこととなる）、指名委員会等設置会社、監査等委員会設置会社など、いずれの機関設計を採用する場合にも、等しく適切に果たされるべきである。

原則

【原則4-1．取締役会の役割・責務(1)】

　取締役会は、会社の目指すところ（経営理念等）を確立し、戦略的な方向付けを行うことを主要な役割・責務の一つと捉え、具体的な経営戦略や経営計画等について建設的な議論を行うべきであり、重要な業務執行の決定を行う場合には、上記の戦略的な方向付けを踏まえるべきである。

【原則4-2．取締役会の役割・責務(2)】

　取締役会は、経営陣幹部による適切なリスクテイクを支える環境整備を行うことを主要な役割・責務の一つと捉え、経営陣からの健全な企業家精神に基づく提案を歓迎しつつ、説明責任の確保に向けて、そうした提案について独立した客観的な立場において多角的かつ十分な検討

原則

を行うとともに、承認した提案が実行される際には、経営陣幹部の迅速・果断な意思決定を支援すべきである。

また、経営陣の報酬については、中長期的な会社の業績や潜在的リスクを反映させ、健全な企業家精神の発揮に資するようなインセンティブ付けを行うべきである。

【原則4-3. 取締役会の役割・責務(3)】

取締役会は、独立した客観的な立場から、経営陣・取締役に対する実効性の高い監督を行うことを主要な役割・責務の一つと捉え、適切に会社の業績等の評価を行い、その評価を経営陣幹部の人事に適切に反映すべきである。

また、取締役会は、適時かつ正確な情報開示が行われるよう監督を行うとともに、内部統制やリスク管理体制を適切に整備すべきである。

更に、取締役会は、経営陣・支配株主等の関連当事者と会社との間に生じ得る利益相反を適切に管理すべきである。

【原則4-4. 監査役及び監査役会の役割・責務】

監査役及び監査役会は、取締役の職務の執行の監査、監査役・外部会計監査人の選解任や監査報酬に係る権限の行使などの役割・責務を果たすに当たって、株主に対する受託者責任を踏まえ、独立した客観的な立場において適切な判断を行うべきである。

また、監査役及び監査役会に期待される重要な役割・責務には、業務監査・会計監査をはじめとするいわば「守りの機能」があるが、こうした機能を含め、その役割・責務を十分に果たすためには、自らの守備範囲を過度に狭く捉えることは適切でなく、能動的・積極的に権限を行使し、取締役会においてあるいは経営陣に対して適切に意見を述べるべきである。

【原則4-5. 取締役・監査役等の受託者責任】

上場会社の取締役・監査役及び経営陣は、それぞれの株主に対する受託者責任を認識し、ステークホルダーとの適切な協働を確保しつつ、会社や株主共同の利益のために行動すべきである。

【原則4-6. 経営の監督と執行】

上場会社は、取締役会による独立かつ客観的な経営の監督の実効性を確保すべく、業務の執行には携わらない、業務の執行と一定の距離を置く取締役の活用について検討すべきである。

【原則4-7. 独立社外取締役の役割・責務】

上場会社は、独立社外取締役には、特に以下の役割・責務を果たすことが期待されることに留意しつつ、その有効な活用を図るべきである。

(i)経営の方針や経営改善について、自らの知見に基づき、会社の持続的な成長を促し中長期的な企業価値の向上を図る、との観点からの助言を行うこと

(ii)経営陣幹部の選解任その他の取締役会の重要な意思決定を通じ、経営の監督を行うこと

(iii)会社と経営陣・支配株主等との間の利益相反を監督すること

(iv)経営陣・支配株主から独立した立場で、少数株主をはじめとするステークホルダーの意見を取締役会に適切に反映させること

【原則4-8. 独立社外取締役の有効な活用】

独立社外取締役は会社の持続的な成長と中長期的な企業価値の向上に寄与するように役割・責務を果たすべきであり、プライム市場上場会社はそのような資質を十分に備えた独立社外取締役を少なくとも3分の1(その他の市場の上場会社においては2名)以上選任すべきである。

また、上記にかかわらず、業種・規模・事業特性・機関設計・会社をとりまく環境等を総合

的に勘案して、過半数の独立社外取締役を選任することが必要と考えるプライム市場上場会社（その他の市場の上場会社においては少なくとも3分の1以上の独立社外取締役を選任することが必要と考える上場会社）は、十分な人数の独立社外取締役を選任すべきである。

【原則4-9. 独立社外取締役の独立性判断基準及び資質】

取締役会は、金融商品取引所が定める独立性基準を踏まえ、独立社外取締役となる者の独立性をその実質面において担保することに主眼を置いた独立性判断基準を策定・開示すべきである。また、取締役会は、取締役会における率直・活発で建設的な検討への貢献が期待できる人物を独立社外取締役の候補者として選定するよう努めるべきである。

【原則4-10. 任意の仕組みの活用】

上場会社は、会社法が定める会社の機関設計のうち会社の特性に応じて最も適切な形態を採用するに当たり、必要に応じて任意の仕組みを活用することにより、統治機能の更なる充実を図るべきである。

【原則4-11. 取締役会・監査役会の実効性確保のための前提条件】

取締役会は、その役割・責務を実効的に果たすための知識・経験・能力を全体としてバランス良く備え、ジェンダーや国際性、職歴、年齢の面を含む多様性と適正規模を両立させる形で構成されるべきである。また、監査役には、適切な経験・能力及び必要な財務・会計・法務に関する知識を有する者が選任されるべきであり、特に、財務・会計に関する十分な知見を有している者が1名以上選任されるべきである。

取締役会は、取締役会全体としての実効性に関する分析・評価を行うことなどにより、その機能の向上を図るべきである。

【原則4-12. 取締役会における審議の活性化】

取締役会は、社外取締役による問題提起を含め自由闊達で建設的な議論・意見交換を尊ぶ気風の醸成に努めるべきである。

【原則4-13. 情報入手と支援体制】

取締役・監査役は、その役割・責務を実効的に果たすために、能動的に情報を入手すべきであり、必要に応じ、会社に対して追加の情報提供を求めるべきである。

また、上場会社は、人員面を含む取締役・監査役の支援体制を整えるべきである。

取締役会・監査役会は、各取締役・監査役が求める情報の円滑な提供が確保されているかどうかを確認すべきである。

【原則4-14. 取締役・監査役のトレーニング】

新任者をはじめとする取締役・監査役は、上場会社の重要な統治機関の一翼を担う者として期待される役割・責務を適切に果たすため、その役割・責務に係る理解を深めるとともに、必要な知識の習得や適切な更新等の研鑽に努めるべきである。このため、上場会社は、個々の取締役・監査役に適合したトレーニングの機会の提供・斡旋やその費用の支援を行うべきであり、取締役会は、こうした対応が適切にとられているか否かを確認すべきである。

補充原則

【原則4-1. 取締役会の役割・責務(1)】

4-1① 取締役会は、取締役会自身として何を判断・決定し、何を経営陣に委ねるのかに関連して、経営陣に対する委任の範囲を明確に定め、その概要を開示すべきである。

4-1② 取締役会・経営陣幹部は、中期経営計画も株主に対するコミットメントの一つであるとの認識に立ち、その実現に向けて最善の努力を行うべきである。仮に、中期経営計画が目標未

補充原則

達に終わった場合には、その原因や自社が行った対応の内容を十分に分析し、株主に説明を行うとともに、その分析を次期以降の計画に反映させるべきである。

4-1③　取締役会は、会社の目指すところ（経営理念等）や具体的な経営戦略を踏まえ、最高経営責任者（CEO）等の後継者計画（プランニング）の策定・運用に主体的に関与するとともに、後継者候補の育成が十分な時間と資源をかけて計画的に行われていくよう、適切に監督を行うべきである。

4-2①　取締役会は、経営陣の報酬が持続的な成長に向けた健全なインセンティブとして機能するよう、客観性・透明性ある手続に従い、報酬制度を設計し、具体的な報酬額を決定すべきである。その際、中長期的な業績と連動する報酬の割合や、現金報酬と自社株報酬との割合を適切に設定すべきである。

4-2②　取締役会は、中長期的な企業価値の向上の観点から、自社のサステナビリティを巡る取組みについて基本的な方針を策定すべきである。

また、人的資本・知的財産への投資等の重要性に鑑み、これらをはじめとする経営資源の配分や、事業ポートフォリオに関する戦略の実行が、企業の持続的な成長に資するよう、実効的に監督を行うべきである。

4-3①　取締役会は、経営陣幹部の選任や解任について、会社の業績等の評価を踏まえ、公正かつ透明性の高い手続に従い、適切に実行すべきである。

4-3②　取締役会は、CEOの選解任は、会社における最も重要な戦略的意思決定であることを踏まえ、客観性・適時性・透明性ある手続に従い、十分な時間と資源をかけて、資質を備えたCEOを選任すべきである。

4-3③　取締役会は、会社の業績等の適切な評価を踏まえ、CEOがその機能を十分発揮していないと認められる場合に、CEOを解任するための客観性・適時性・透明性ある手続を確立すべきである。

4-3④　内部統制や先を見越した全社的リスク管理体制の整備は、適切なコンプライアンスの確保とリスクテイクの裏付けとなり得るものであり、取締役会はグループ全体を含めたこれらの体制を適切に構築し、内部監査部門を活用しつつ、その運用状況を監督すべきである。

4-4①　監査役会は、会社法により、その半数以上を社外監査役とすること及び常勤の監査役を置くことの双方が求められていることを踏まえ、その役割・責務を十分に果たすとの観点から、前者に由来する強固な独立性と、後者が保有する高度な情報収集力とを有機的に組み合わせて実効性を高めるべきである。また、監査役または監査役会は、社外取締役が、その独立性に影響を受けることなく情報収集力の強化を図ることができるよう、社外取締役との連携を確保すべきである。

4-8①　独立社外取締役は、取締役会における議論に積極的に貢献するとの観点から、例えば、独立社外者のみを構成員とする会合を定期的に開催するなど、独立した客観的な立場に基づく情報交換・認識共有を図るべきである。

4-8②　独立社外取締役は、例えば、互選により「筆頭独立社外取締役」を決定することなどにより、経営陣との連絡・調整や監査役または監査役会との連携に係る体制整備を図るべきである。

4-8③　支配株主を有する上場会社は、取締役会において支配株主からの独立性を有する独立社外取締役を少なくとも3分の1以上（プライム市場上場会社においては過半数）選任するか、または支配株主と少数株主との利益が相反する重要な取引・行為について審議・検討を行う、

補充原則

独立社外取締役を含む独立性を有する者で構成された特別委員会を設置すべきである。

4-10① 上場会社が監査役会設置会社または監査等委員会設置会社であって、独立社外取締役が取締役会の過半数に達していない場合には、経営陣幹部・取締役の指名（後継者計画を含む）・報酬などに係る取締役会の機能の独立性・客観性と説明責任を強化するため、取締役会の下に独立社外取締役を主要な構成員とする独立した指名委員会・報酬委員会を設置することにより、指名や報酬などの特に重要な事項に関する検討に当たり、ジェンダー等の多様性やスキルの観点を含め、これらの委員会の適切な関与・助言を得るべきである。

特に、プライム市場上場会社は、各委員会の構成員の過半数を独立社外取締役とすることを基本とし、その委員会構成の独立性に関する考え方・権限・役割等を開示すべきである。

4-11① 取締役会は、経営戦略に照らして自らが備えるべきスキル等を特定した上で、取締役会の全体としての知識・経験・能力のバランス、多様性及び規模に関する考え方を定め、各取締役の知識・経験・能力等を一覧化したいわゆるスキル・マトリックスをはじめ、経営環境や事業特性等に応じた適切な形で取締役の有するスキル等の組み合わせを取締役の選任に関する方針・手続と併せて開示すべきである。その際、独立社外取締役には、他社での経営経験を有する者を含めるべきである。

4-11② 社外取締役・社外監査役をはじめ、取締役・監査役は、その役割・責務を適切に果たすために必要となる時間・労力を取締役・監査役の業務に振り向けるべきである。こうした観点から、例えば、取締役・監査役が他の上場会社の役員を兼任する場合には、その数は合理的な範囲にとどめるべきであり、上場会社は、その兼任状況を毎年開示すべきである。

4-11③ 取締役会は、毎年、各取締役の自己評価なども参考にしつつ、取締役会全体の実効性について分析・評価を行い、その結果の概要を開示すべきである。

4-12① 取締役会は、会議運営に関する下記の取扱いを確保しつつ、その審議の活性化を図るべきである。

　(i)取締役会の資料が、会日に十分に先立って配布されるようにすること

　(ii)取締役会の資料以外にも、必要に応じ、会社から取締役に対して十分な情報が（適切な場合には、要点を把握しやすいように整理・分析された形で）提供されるようにすること

　(iii)年間の取締役会開催スケジュールや予想される審議事項について決定しておくこと

　(iv)審議項目数や開催頻度を適切に設定すること

　(v)審議時間を十分に確保すること

4-13① 社外取締役を含む取締役は、透明・公正かつ迅速・果断な会社の意思決定に資するとの観点から、必要と考える場合には、会社に対して追加の情報提供を求めるべきである。また、社外監査役を含む監査役は、法令に基づく調査権限を行使することを含め、適切に情報入手を行うべきである。

4-13② 取締役・監査役は、必要と考える場合には、会社の費用において外部の専門家の助言を得ることも考慮すべきである。

4-13③ 上場会社は、取締役会及び監査役会の機能発揮に向け、内部監査部門がこれらに対しても適切に直接報告を行う仕組みを構築すること等により、内部監査部門と取締役・監査役との連携を確保すべきである。また、上場会社は、例えば、社外取締役・社外監査役の指示を受けて会社の情報を適確に提供できるよう社内との連絡・調整にあたる者の選任など、社外取締役や社外監査役に必要な情報を適確に提供するための工夫を行うべきである。

4-14① 社外取締役・社外監査役を含む取締役・監査役は、就任の際には、会社の事業・財務・

組織等に関する必要な知識を取得し、取締役・監査役に求められる役割と責務（法的責任を含む）を十分に理解する機会を得るべきであり、就任後においても、必要に応じ、これらを継続的に更新する機会を得るべきである。

4-14② 上場会社は、取締役・監査役に対するトレーニングの方針について開示を行うべきである。

株主との対話

基本原則

5. 上場会社は、その持続的な成長と中長期的な企業価値の向上に資するため、株主総会の場以外においても、株主との間で建設的な対話を行うべきである。

経営陣幹部・取締役（社外取締役を含む）は、こうした対話を通じて株主の声に耳を傾け、その関心・懸念に正当な関心を払うとともに、自らの経営方針を株主に分かりやすい形で明確に説明しその理解を得る努力を行い、株主を含むステークホルダーの立場に関するバランスのとれた理解と、そうした理解を踏まえた適切な対応に努めるべきである。

原則

【原則5-1. 株主との建設的な対話に関する方針】

　上場会社は、株主からの対話（面談）の申込みに対しては、会社の持続的な成長と中長期的な企業価値の向上に資するよう、合理的な範囲で前向きに対応すべきである。取締役会は、株主との建設的な対話を促進するための体制整備・取組みに関する方針を検討・承認し、開示すべきである。

【原則5-2. 経営戦略や経営計画の策定・公表】

　経営戦略や経営計画の策定・公表に当たっては、自社の資本コストを的確に把握した上で、収益計画や資本政策の基本的な方針を示すとともに、収益力・資本効率等に関する目標を提示し、その実現のために、事業ポートフォリオの見直しや、設備投資・研究開発投資・人的資本への投資等を含む経営資源の配分等に関し具体的に何を実行するのかについて、株主に分かりやすい言葉・論理で明確に説明を行うべきである。

補充原則

5-1① 株主との実際の対話（面談）の対応者については、株主の希望と面談の主な関心事項も踏まえた上で、合理的な範囲で、経営陣幹部、社外取締役を含む取締役または監査役が面談に臨むことを基本とすべきである。

5-1② 株主との建設的な対話を促進するための方針には、少なくとも以下の点を記載すべきである。

　(i)株主との対話全般について、下記(ii)〜(v)に記載する事項を含めその統括を行い、建設的な対話が実現するように目配りを行う経営陣または取締役の指定

　(ii)対話を補助する社内のIR担当、経営企画、総務、財務、経理、法務部門等の有機的な連携のための方策

　(iii)個別面談以外の対話の手段（例えば、投資家説明会やIR活動）の充実に関する取組み

　(iv)対話において把握された株主の意見・懸念の経営陣幹部や取締役会に対する適切かつ効果的なフィードバックのための方策

　(v)対話に際してのインサイダー情報の管理に関する方策

5-1③ 上場会社は、必要に応じ、自らの株主構造の把握に努めるべきであり、株主も、こうした把握作業にできる限り協力することが望ましい。

5-2① 上場会社は、経営戦略等の策定・公表に当たっては、取締役会において決定された事

業ポートフォリオに関する基本的な方針や事業ポートフォリオの見直しの状況について分かりやすく示すべきである。

5 機関設計とコーポレート・ガバナンス

(1) 会社法上の機関設計に関するルール

　会社法においては、株主の利益が守られるように、経営者を監視・監督するための制度としてコーポレート・ガバナンス（企業統治）に関する様々なルールが整備されています。会社法におけるコーポレート・ガバナンスに関する制度を理解する上で、まず会社法が定めている会社の機関（会社の意思決定や運営管理を行う組織や職務を遂行する者）を理解する必要があります。

　会社法はすべての会社（株式会社、合名会社、合資会社、合同会社）に関する基本的なルールを定めています。株式上場を目指す会社は株式会社であるため、本書では特段の断りのない限り株式会社を前提として説明をします。

　全ての株式会社においても、必ず設置しなければならない機関は、株主総会（会社法295条1項）と取締役（会社法326条1項）です。会社法では会社の状況に応じて柔軟な機関設計を認めています。下表は、会社を公開会社（その発行する全部又は一部の株式の内容として譲渡による当該株式の取得について株式会社の承認を要する旨の定款の定めを設けていない株式会社（会社法2条5号））かどうか、大会社（①最終事業年度に係る貸借対照表に資本金として計上した額が5億円以上である会社、または②最終事業年度に係る貸借対照表の負債の部に計上した額の合計額が200億円以上である会社）かどうかという観点で株式会社のとりうる機関設計をまとめたものです。

141

■株式会社の機関設計の47パターン

		株主総会 ※1	取締役会 ※2	取締役 ※1	監査等委員会 ※3※5	指名委員会等 ※3※5	監査役会 ※5	監査役 ※3	会計参与	会計監査人 ※4
公開会社以外（譲渡制限会社）	大会社でない会社	○		○						
		○		○					○	
		○		○				○		
		○		○				○	○	
		○		○				○		○
		○		○				○	○	○
		○	○	○					○	
		○	○	○				○		
		○	○	○				○	○	
		○	○	○			○	○		
		○	○	○			○	○	○	
		○	○	○				○		○
		○	○	○				○	○	○
		○	○	○			○	○		○
		○	○	○			○	○	○	○
		○	○	○	○					○
		○	○	○	○				○	○
		○	○	○		○				○
		○	○	○		○			○	○
	大会社	○		○				○		○
		○		○				○	○	○
		○	○	○				○		○
		○	○	○				○	○	○
		○	○	○			○	○		○
		○	○	○			○	○	○	○
		○	○	○	○					○
		○	○	○	○				○	○
		○	○	○		○				○
		○	○	○		○			○	○
公開会社	大会社でない会社	○	○	○				○		
		○	○	○				○	○	
		○	○	○				○		○
		○	○	○				○	○	○
		○	○	○			○	○		
		○	○	○			○	○	○	
		○	○	○			○	○		○
		○	○	○			○	○	○	○
		○	○	○	○					○
		○	○	○	○				○	○
		○	○	○		○				○
		○	○	○		○			○	○
	大会社	○	○	○			○	○		○
		○	○	○			○	○	○	○
		○	○	○	○					○
		○	○	○	○				○	○
		○	○	○		○				○
		○	○	○		○			○	○

※1　すべての会社で設置が強制

※2　公開会社は設置が強制

※3　公開会社は監査役若しくは監査等委員会、指名委員会等のいずれかの設置が必須

※4　大会社では設置が強制

※5　公開会社である大会社では、監査役若しくは監査等委員会、指名委員会等のいずれかの設置が必須

IPO準備を始める前の会社の多くは、株式の譲渡制限がなされている非公開会社であり、会計監査人の設置されていない会社が多いのではないでしょうか。株式上場後は通常であれば公開会社である大会社に該当することになるため、IPO準備の過程では前述のコーポレートガバナンス・コードを踏まえたうえで自社にとって適切な機関設計を検討することになります。なお、有価証券上場規程第437条では、上場内国会社は、次の機関を置くものとするものとされているため、株主総会の設置と取締役の選任は全ての株式会社に求められ、IPO準備においては、必ず公開会社である大会社における機関設計を採用しなければならないこととなります。

・取締役会
・監査役会、監査等委員会又は指名委員会等
・会計監査人

また、2021年3月1日に施行された改正会社法では、以下のすべての要件を満たす会社は社外取締役を置かなければならないとされています。

① 監査役会設置会社
② 公開会社（株式譲渡に関して会社の承認を要する旨の定款の定めがない会社）
③ 大会社（最終事業年度に係る貸借対照表上の資本金が5億円以上、または負債総額が200億円以上の会社）
④ 金融商品取引法第24条第1項の規定によりその発行する株式について有価証券報告書を内閣総理大臣に提出しなければならない会社（上場会社）

(2) 株主総会

① 株主総会とは

株主総会とは、株主が会社に関する意思決定を行うため、様々な議案を検討し、決議する機関です。株式会社において、株主総会は意思決定の最高機関となっており、「株式会社に関する一切の事項について決議をすることができる」として、強力な権限を認められています。

また、株主総会には、「定時株主総会」と「臨時株主総会」の2種類があります。定時株主総会は、毎事業年度の終了後、一定の時期に招集しなければならない株主総会です（会社法296条1項）。一方、臨時株主総会は必要に応じていつでも招集・開催できる株主総会です（会社法296条2項）。

②　招集

　株主総会を招集するには、取締役は、株主総会の日の2週間前までに、株主に対してその通知を発しなければなりません。ただし、公開会社でない株式会社にあっては、1週間前までとされています（会社法299条）。

　例えば、定時株主総会は毎年事業年度終了後3か月以内に招集されなければならないとされています（会社法296条1項）。また、株主総会を招集する場合、取締役は株主総会の日時及び場所、株主総会の目的事項を定めなければなりません（会社法298条1項、4項）。

　また、招集通知はあらかじめ、当該通知の相手方に対し、その用いる電磁的方法の種類及び内容を示し、書面又は電磁的方法による承諾を得ることにより、電磁的方法により通知を発することができるとされています（会社法299条、会社法施行令2条）。

	取締役会非設置会社	取締役設置会社
株主総会決議事項	株式会社の組織、運営、管理その他株式会社に関する一切の事項	法定の専決事項（右表）と定款で定めた事項
招集手続	・1週間前（定款で短縮可）までに発送 ・口頭でも可 ・会議の目的事項の記載、記録不要	・2週間前までに発送 ・書面又は電磁的方法による通知 ・会議の目的事項の記載、記録必要

③　株主総会の権限

　普通決議（会社法309条1項）で決定できるのは以下の事項です。

・役員の報酬等（会社法361条、379条、387条）

・剰余金の配当（会社法454条）

・自己株式の取得（会社法156条）

・競業取引等の承認（会社法356条）

また、特則普通決議（会社法341条）で決定できるのは以下の事項です。

・取締役・監査役の選任（会社法329条）

・取締役・監査役の解任（会社法339条）

さらに、特別決議（会社法309条第2項）で決定できるのは以下の事項です。

・譲渡等承認請求に係る譲渡制限株式の買取り（会社法140条）

・特定の株主からの株主との合意による自己株式取得（会社法156条、160条）

・役員等の損害賠償責任等の一部免除（会社法425条）

・定款の変更（会社法第6章）

・事業の全部・重要な一部の譲渡、事業の全部譲受け（会社法第7章）

・組織変更、合併、会社分割、株式交換、株式移転（会社法第5編）

④　議事録

　株主総会の議事については、法務省令で定めるところにより、議事録を作成しなければならないとされています。また、株式会社は、株主総会の日から10年間、前項の議事録をその本店に備え置かなければならず、5年間は第一項の議事録の写しをその支店に備え置かなければなりません（会社法318条）。

⑤　株主総会資料の電子提供制度

　また、2022年9月1日から株主総会資料の電子提供制度が開始されました。この制度は、株主総会資料を自社のホームページ等のウェブサイトに掲載し、株主に対し、当該ウェブサイトのアドレス等を書面により通知することによって、株主総会資料（株主総会参考書類、議決権行使書面、事業報告および（連結）計算書類等）を提供することができる制度をいいます（会社法325条の2以下）。

　株式会社が電子提供制度を採用するための手続としては、「電子提供措置をとる」旨の定款の定めが必要となります（会社法325条の2）。この定めは登記事項になりますので（会社法911条3項12号の2）、採用する会社におい

第3章　経営活動を適切かつ有効に行う経営管理体制の整備

145

ては、定款変更の手続と登記手続が必要となります。

この制度の創設により、株式会社は、印刷や郵送のために要する時間や費用を削減することができるようになり、印刷や郵送が不要となることに伴い、株主に対し、従来よりも早期に充実した内容の株主総会資料を提供することができるようになることなどが期待されています。

ただし、この株主総会資料の電子提供制度を導入するには手続面、運用面での注意点があります。

まず、電子提供制度を行う会社は、株主総会の日の3週間前の日又は招集通知発送日のいずれか早い日から株主総会の日後3か月を経過する日までの間、継続して電子提供措置をとる必要があります（会社法325条の3第1項）。

この電子提供措置とは、電磁的方法により株主が情報の提供を受けることができる状態に置く措置をいい、インターネット上のウェブサイトに株主総会参考書類等の内容を掲載し、閲覧することができる状態にすることです。この電子提供措置をとらなければならない事項には以下のものがあります。

▼会社法298条1項各号に掲げる事項
　・株主総会の日時及び場所
　・株主総会の目的である事項があるときは、当該事項
　・株主総会に出席しない株主が書面によって議決権を行使することができることとするときは、その旨
　・株主総会に出席しない株主が電磁的方法によって議決権を行使することができることとするときは、その旨
　・会社法施行規則63条各号に掲げる事項
▼書面による議決権行使を認める場合には、株主総会参考書類及び議決権行使書面に記載すべき事項
▼電磁的方法による議決権行使を認める場合には、株主総会参考書類に記載すべき事項
▼会社法305条1項の規定による株主の議案要領通知請求があった場合には、当該議案の要領
▼計算書類及び事業報告（監査報告または会計監査報告を含む）に記載・

記録された事項（会社が取締役会設置会社である場合において、定時株主総会を招集するとき）

▼株式会社が取締役会設置会社である場合において、取締役が定時株主総会を招集するときは、連結計算書類に記載・記録された事項（会社が会計監査人設置会社（取締役会設置会社に限る）

▼上記の事項を修正したときは、その旨及び修正前の事項

なお、上場会社については、電子提供措置の採用が義務づけられている（社債、株式等の振替に関する法律159条の2第1項）とともに、上場規則によって、株主総会の日の3週間前よりもさらに早期に電子提供措置を開始するよう努めることが求められています（有価証券上場規程施行規則437条3号）。

⑥ 留意点

冒頭に述べたように株主総会が株式会社における意思決定であるがゆえに、会社法や定款等で定める方法や手続によらないで開催した場合には、株主総会の決議に手続上または内容上の瑕疵があるとされ、その決議は違法なものとなり、その効力が問題となります。

会社法ではそのような場合に、株主が決議不存在・無効の確認の訴え（会社法830条）と決議取消の訴え（会社法831条）を起こすことができるものとされています。株主総会決議事項は会社の重要な事項であることから、決議が無効になった場合にはその影響が大きなものとなりかねません。そのため、株主総会に関する招集及び決議に関する手続は、適法に行われることが重要となります。

(3) 取締役会

① 取締役会とは

取締役会とは、株主総会により選任されたすべての取締役（ただし3名以上であることが必要）により構成される会社の業務執行に関する意思決定を行うとともに、取締役の職務執行の監督をする機関のことをいいます（会社

法362条、331条 5 項）。公開会社、監査役会設置会社、監査等委員会設置会社および指名委員会等設置会社においては、取締役会の設置が義務づけられていますが、その他の会社においては任意で設置できる機関となっています（会社法327条）。

② 招集

　取締役会を招集するには、原則として各取締役が取締役会の一週間前までに、各取締役と各監査役に招集通知を発する必要があります（会社法366条、368条）。ただし、定款や取締役会によって代表取締役などの特定の取締役を招集権者と定めたときには、その取締役のみが取締役会の招集を行うこととすることや、招集期間についても定款で定めることで短縮できます。また、取締役及び監査役全員の同意があるときには招集手続自体を省略することも可能です（会社法366条、368条）。

　また、招集通知には、取締役会の開催日時と場所を記載する必要があります。ただし、目的事項については特に記載する必要はありません。さらに招集方法についても書面や電磁的方法を問わず、口頭や電話でも可能とされています。

③ 取締役会の権限

　取締役会の決議は、議決に加わることができる取締役の過半数（これを上回る割合を定款で定めた場合にあっては、その割合以上）が出席し、その過半数（これを上回る割合を定款で定めた場合にあっては、その割合以上）をもって行うこととされています（会社法369条 1 項）。なお、決議について特別の利害関係を有する取締役は、議決に加わることができません（会社法369条 2 項）。

　取締役会設置会社においては例えば下記に掲げる事項については各取締役に委任することはできず取締役会にて決議する必要があるとされています（会社法362条 4 項）。

　・重要な財産の処分及び譲受け

・多額の借財

・支配人その他の重要な使用人の選任及び解任

・支店その他の重要な組織の設置、変更及び廃止

・社債債引受人の募集事項、その他の社債を引き受ける者の募集に関する重要な事項として法務省令で定める事項

・取締役の職務の執行が法令及び定款に適合することを確保するための体制その他株式会社の業務並びに当該株式会社及びその子会社から成る企業集団の業務の適正を確保するために必要なものとして法務省令で定める体制の整備

・定款の定めに基づく役員及び会計監査人の会社に対する損害賠償責任の免除

④ 議事録

　取締役会の議事については、取締役会の日から10年間、議事録又は決議の意思表示を記載し、若しくは記録した書面若しくは電磁的記録をその本店に備え置かなければならないとされています（会社法371条）。

⑤ 書面決議及び報告の省略

　書面決議とは、取締役決議事項について、取締役（当該事項について議決に加わることができるものに限る）の全員が書面又は電磁的記録により同意の意思表示をしたときには、取締役会を開催することなく、当該決議事項を可決する旨の取締役会の決議があったものとみなすことができる制度です（会社法370条）。

　書面決議を行うためには、定款で書面決議に関する事項を定めることが必要です。また監査役設置会社の場合には、監査役が異議を述べたときには書面決議を行うことができません。

　また、取締役、会計参与、監査役又は会計監査人が取締役（監査役設置会社にあっては、取締役及び監査役）の全員に対して取締役会に報告すべき事項を通知したときは、当該事項を取締役会へ報告する必要がなくなります。

ただし、代表取締役や業務執行取締役による職務の執行の状況の報告は3か月に1回行うことが求められているため、取締役会の決議・報告のすべてについて取締役会を開催せずに行うことはできません。

⑥　リモート開催

　近年では新型コロナウィルス感染症への対応やDX化、企業活動の国際化といった背景のもと、取締役会をWEB会議やテレビ会議等の仕組みを利用することでリモート開催されることも増えています。取締役会のリモート開催は会社法に「当該場所に存しない取締役」という表現があることから認められているとされています（会社法369条3項、会社法施行規則101条3項1号）。

　取締役会のリモート開催は法務省民事局の見解によると「即時性（各取締役の音声と画像が即時にほかの取締役に伝わること）」と「双方向性（適時的確な意見表明が互いにできること）」を満たす方法が取られていることが必要であるとされているためこの点に留意することが必要であります。また、通信障害等が発生した場合には取締役会に出席したこととならない可能性もあることからそのような場合の対処方法も事前に検討しておくことも重要です。さらに、リモート開催時の議事録等の記載方法についての法令上の定めはないものの、上記の即時性と双方向性を満たした開催方法であることが確認できるように記載することが望ましいとする見解もあります。

⑦　留意点

　取締役会は業務執行に関する意思決定を行う重要な会議体です。そのため法令に定める手続を経ないで招集、開催、決議された場合のように、取締役会決議に瑕疵があった場合にはその決議は無効となる可能性があります。なお、「その取締役が出席してもなお決議の結果に影響がないと認めるべき特段の事情があるときは、瑕疵は決議の効力に影響がないものとして、決議は有効になる」とする判例もあり、一律に無効となるわけではないものの、会社の重要な意思決定事項が法的に安定しない状態に置かれることになってし

150

まうため、取締役会に関する招集及び決議に関する手続は、適法に行われることが重要となります。

⑷　監査役会（監査等委員会、監査委員会）

①　監査役会（監査等委員会、監査委員会）とは

　監査役会は、監査役会設置会社に設置される機関であり、取締役の職務の執行を監査する監査役全員によって構成される機関です。監査役会は、半数以上の社外監査役を含む3名以上の監査役全員で構成されます（会社法335条3項、390条1項）。

　一方、監査等委員会は監査等委員会設置会社に設置され、株主総会において、他の取締役とは別個に専任された取締役である監査等委員（会社法329条2項、会社法399条の2第2項）による合議体です。また、監査等委員会は3名以上の監査等委員である取締役で構成され、その過半数は社外取締役でなければならないとされています（会社法331条6項）。

　また、監査委員会は、指名委員会等設置会社において指名委員会、報酬委員会とともに設置され、監査委員として選定された取締役による合議体です。3人以上の委員で組織され（会社法400条1項）、委員の過半数は社外取締役でなければならない（会社法400条3項）とされています。

　監査役会と監査等委員会、監査委員会は、それぞれ異なる会社形態において設置される機関ですが、両者ともに企業経営者や取締役会を監査することを目的としている機関になります。

　監査役会（監査委員会、監査等委員会）の主な役割は、取締役（執行役等）の職務の執行を監査することです。監査役会は、その決議をもって、監査報告の作成、監査の方針や会社の業務及び財産の状況の調査の方法その他の監査役の職務の執行に関する事項を決定することができます（会社法390条2項1号、3号）。ただし、監査役会制度の下でも、監査役は各自が単独でその権限を行使できるという独任制が維持されており、監査役会は、その決定により監査役の権限の行使を妨げることはできないとされています（会社法390条2項ただし書）。

監査委員会は、執行役等の職務執行の監査および監査報告の作成（会社法404条2項1号）、株主総会に提出する会計監査人の選任・解任及び会計監査人を選任しないことに関する議案の内容を決定することができます（会社法404条2項2号）。監査委員会による監査は、内部統制システムが適切に構成・運営されているかを監視し、必要に応じて内部統制部門に対して具体的指示を出すことが予定されています。

② 招集

監査役会（監査等委員会、監査委員会）を招集するには、監査役（監査等委員、監査委員）は、監査役会（監査等委員会、監査委員会）の日の1週間前までに、各監査役（各監査等委員、各監査委員）に対してその通知を発しなければならないとされています（会社法91条、392条1項、399条の8、399条の9第1項、410条、411条1項）。ただし、定款（監査委員会においては取締役会）で定めた場合には短縮は可能であり、また監査役（監査委員）の全員の同意があるときは、招集の手続を経ることなく開催することができます（会社法392条2項、411条2項）。

③ 監査役会（監査等委員会、監査委員会）の権限

監査役会設置会社における監査役及び監査役会は会社法上、主に次のような権限を有しています。

・取締役の職務の執行の監査（会社法381条1項）
・監査報告の作成（会社法390条2項1号）
・常勤の監査役の選定及び解職（会社法390条2項2号、3項）
・監査の方針、会社の業務・財産状況の調査方法、その他の監査役の職務執行に関する事項の決定。ただし、個々の監査役の権限の行使を妨げることはできない（会社法390条2項3号）
・監査役の職務の執行の状況の報告を受ける権限（会社法390条4項）
・監査役の選任に関する議案の同意（会社法343条1項、3項）
・監査役の選任の議題の提案権及び議案の提出請求権（会社法343条2項、

3項）

・取締役会への報告義務（会社法382条）

・取締役及び会計参与並びに支配人その他の使用人からの報告の受理（会社法381条2項）

・取締役からの会社に著しい損害を及ぼすおそれのある事実を発見した場合の報告受領権限（会社法357条2項）

・監査役による取締役の行為の差止め（会社法385条）

・株主等からの提訴請求を受ける権限等（会社法386条2項）

・会計監査人の選任及び解任並びに不再任に関する議案の決定（会社法344条1項、第3項）

・会計監査人の解任（会社法340条1項、2項、3項、4項）

・会計監査人の解任の旨及び理由を株主総会に報告する監査役の選定（会社法340条3項、4項）

・一時会計監査人の選任（会社法346条4項、6項）

・会計監査人からの報告の受理（会社法397条1項、3項）

・会計監査人の報酬等に対する同意権（会社法399条1項、2項）

　監査等委員会設置における監査等委員及び監査等委員会は会社法上、主に次のような権限を有しています。

・取締役（会計参与設置会社にあっては、取締役及び会計参与）の職務の執行の監査（会社法399条の2第3項1号）

・監査報告の作成（会社法399条の2第3項1号）

・監査等委員である意見の陳述（会社法399条の2第3項3号、342条の2第4項）

・監査等委員である取締役の選任に関する監査等委員会の同意等（会社法344条の2第1項）

・監査等委員である取締役の選任に関する議案の提出請求権（会社法344条の2、2項、3項）

・取締役会への報告義務（会社法399条の4）

153

・取締役（会計参与設置会社にあっては、取締役及び会計参与）及び支配人その他の使用人からの報告の受理（会社法399条の3）

・取締役からの会社に著しい損害を及ぼすおそれのある事実を発見した場合の報告受領権限（会社法357条3項）

・監査等委員による取締役の行為の差止め（会社法399条の6）

・株主等からの提訴請求を受ける権限等（会社法399条の7第2項、5項）

・会計監査人の選任及び解任並びに不再任に関する議案の決定（会社法399条の2第3項2号）

・会計監査人の解任（会社法340条1項、2項、3項、5項）

・会計監査人の解任の旨及び理由を株主総会に報告する監査委員の選定（会社法340第3項、5項）

・一時会計監査人の選任（会社法346条4項、7項）

・会計監査人からの報告の受理（会社法397条1項、4項）

・会計監査人の報酬等に対する同意権（会社法399条1項、3項）

　指名委員会等設置会社における監査委員及び監査委員会は会社法上、主に次のような権限を有しています。

・執行役等（執行役及び取締役をいい、会計参与設置会社にあっては、執行役、取締役及び会計参与をいう）の職務の執行の監査（会社法404条2項）

・監査報告の作成（会社法404条2項）

・指名委員会による取締役等の選任等に関する議案内容の決定（会社法404条1項）

・取締役会への報告義務（会社法406条）

・執行役等（執行役及び取締役をいい、会計参与設置会社にあっては、執行役、取締役及び会計参与をいう）及び支配人その他の使用人からの報告の受理（会社法405条）

・執行役からの会社に著しい損害を及ぼすおそれのある事実を発見した場合の報告受領権限（会社法419条1項）

・監査委員による執行役等の行為の差止め（会社法407条）

・株主等からの提訴請求を受ける権限等（会社法408条2項、5項）

・会計監査人の選任及び解任並びに不再任に関する議案の決定（会社法404条2項2号）

・会計監査人の解任（会社法340条1項、2項、3項、6項）

・会計監査人の解任の旨及び理由を株主総会に報告する監査委員の選定（会社法340条3項、6項）

・一時会計監査人の選任（会社法346条4項、8項）

・会計監査人からの報告の受理（会社法397条1項、5項）

・会計監査人の報酬等に対する同意権（会社法399条1項、4項）

④　議事録

　監査役会（監査等委員会、監査委員会）の議事については、監査役会（監査等委員会、監査委員会）の日から10年間、議事録を書面若しくは電磁的記録でその本店に備え置かなければならないとされています（会社法393条、394条、399条の10、399条の11、412条、413条）。

⑤　書面決議及び報告の省略

　取締役会と異なり、監査役会、監査等委員会、監査委員会において書面決議は認めないものとされています。

　なお、取締役（指名委員会等設置会社においては執行役、取締役）、会計参与、監査役又は会計監査人が監査役（監査等委員、監査委員）の全員に対して監査役会（監査等委員会、監査委員会）に報告すべき事項を通知したときは、当該事項を監査役会（監査等委員会、監査委員会）へ報告することを要しないこととされています（会社法395条、399条の12、414条）。

経営管理組織の整備

 STEP1　事案から上場ルールを理解する

1　経営管理体制の不備に起因する不祥事のリスク

　上場会社には、株主をはじめ、顧客、取引先、従業員、地域社会など多様なステークホルダーが存在します。上場会社の不祥事（重大な法令違反その他の不正・不適切な行為等）は、その影響が多方面にわたり、当該上場会社の企業価値の毀損はもちろんのこと、資本市場全体の信頼性にも影響を及ぼしかねません。

　そのため上場審査においては、従前の同族的・個人的な経営から脱却し、組織的経営を行うための経営管理組織を整備することが求められます。すなわち、企業の事業活動を適切かつ継続的に行っていくための管理組織が相応に整備され、運用され、効率的な経営活動を行うことが求められ、一方で事故、不正、誤謬をある程度未然に防止し、不測の損失を防ぐなど適切な対応ができる組織体制を構築することとなります。

　過去に上場会社の経営管理体制の不備を原因とした不祥事は粉飾決算や横領、品質偽装、インサイダー取引、ハラスメント問題、その他コンプライアンス違反等のように多岐にわたり、数多く発生しています。

　ここで、経営管理体制の不備が指摘されている事例として2021年及び2022年に報告されたアジャイルメディア・ネットワークス株式会社の第三者委員会の調査報告書を見ていきたいと思います。

絶対的地位を有する取締役CFOに内部統制が
機能しなかったアジャイルメディア・ネットワークス

背景

　アジャイルメディア・ネットワークス株式会社は2018年3月に当時の東京証券取引所マザーズ市場に上場した。しかし、2021年12月期より新たに就任した会計監査人が、第1四半期レビュー手続の中で不適切な会計処理があることを指摘。これを契機として対象会社の取締役（CFO）による資金流用の事実が発覚した。

　これを受けて第三者委員会が設置され、2021年6月16日「調査報告書」においては、以下の不正な事実が認定されている。
- 小口現金による経費精算を利用した不正な資金流出及び架空の領収書の偽造を伴う架空の現金取引
- 外部の実在する会社を経由したソフトウェア開発や人材紹介手数料等を装った資金流出
- 事業関連性について精査が必要であるように考えられる、取締役が領収書を提出した高額の接待交際費及びタクシー代等

　また、上記の調査結果の公表後に外部の公的機関による指摘を受け、2022年に新たな第三者委員会が設置され、さらに架空の売上高の計上や先行計上等の事実が認められている。

原因・問題点

　2021年の第三者委員会は、原因の一つとして、当該取締役が管理部における最終決裁・承認権者であり、社内でも代表取締役と比肩しても劣らないほどの絶対的地位を有しているがゆえに牽制機能が機能しなかったことを指摘している。また、2018年の上場時において内部統制は一応整備されていたものの、運用において根付いていない部分やその重要性が各役職員において十分に理解されていないことも指摘しており、具体的には社内規程等を軽視していた事実や、業務権限の集中、特定業務の属人化、経理部

門の不可視化・聖域化に関して指摘している。

報告書では「本件事案の原因・対象会社のコンプライアンス体制の課題」として以下のような事項が指摘されている。

ア　取締役CFOの位置づけ

「取締役Ａは、対象会社の財務の最高責任者（いわゆるCFO）という立場にあって、対象会社の管理部の最終決裁・承認権者である。また、組織内の権限のみならず対外的にも幅広い人脈を有しており、対象会社の株式上場にも貢献した立役者として、社内でも代表取締役と比肩して劣らないほどの絶対的な地位を有していた。（中略）このような信頼関係のもと、出金・精算業務をはじめ、対象会社の業務全般に亘る相当広範な範囲で、取締役Ａによる内部統制の無視が常態化するとともに、経理の実務的な面からも、これを巧みにカムフラージュする幇助者としての従業員Ｃの存在により、内部牽制が無効化し、比較的長期にわたって、本件不正行為を行うに至ったものと判断される。」（抜粋）

イ　取締役CFOに対する牽制機能の欠如

「対象会社においては、財務・会計面に関するチェックについて、前記のとおり対象会社内で絶対的な地位を有していた取締役Ａに任せきりになっており、代表取締役を含め、対象会社の役員において、自ら積極的に取締役Ａの行為を監督しようとする者は存在しなかった。」（抜粋）

ウ　対象会社の経理担当社員のコンプライアンス意識の欠如

「対象会社の複数の従業員が、自分の関与している行為が正しいことでないと認識しつつも、取締役Ａの行為に自ら積極的に加担し、又は漫然と指示に従っていたものであり、この点において、コンプライアンス意識が欠如していたと言わざるを得ず、このことが本件事案の原因の一つとなっていたことは否定できない。」（抜粋）

エ　コーポレート・ガバナンスの内部統制上の問題

「対象会社においては、経理規程が存在しているが、実態はかかる規程に沿ったものとなっていない。（中略）対象会社の内部監査部門が十分に機能していたともいえない。すなわち、対象会社には内部監査部門が存在し、内部監査計画が存在するものの、実際には、当該計画に基づいた監査が十

分には実行されておらず、形式的な存在にとどまっていたおそれがある。」（抜粋）

オ　内部通報窓口の機能不全

「対象会社のコンプライアンス規程においては、内部通報窓口を社内のイントラネットで開示するとされているにも関わらず（中略）約88.3％の従業員が、内部通報窓口の存在を知らないと回答している。（中略）また、当該窓口を利用しようと思わないと回答したものが多数に上ることに鑑みれば、当該窓口制度の実効性の確保及びその周知も課題となると考えられる。」（抜粋）

また、2022年の第三者委員会報告書では、その原因について2021年第三者委員会報告書における指摘に加えて、取締役会や監査役、内部監査等をはじめとしたコンプライアンス体制の機能不全・形骸化等について指摘するとともに、社内規程自体の不備や理解が不十分な運用についても言及している。

事案の与えた影響

IPO準備中の会社は経営者や特定人物の能力や知見に大きく依存した経営を行っている場合も少なくない。小規模企業が成長していくタイミングにおいて、特定人物の能力等に依存せざるを得ないことはあるが、その結果として不可視化・聖域化してしまうことは本末転倒となる。小規模組織や特定人物への業務依存度が高い場合でも、内部牽制が有効に機能するように、経営組織の強化を図り、経営体制を整備することが重要である。

STEP2 実務における重要ポイントを確認する

2 チェックシート 経営管理組織の整備

　経営管理組織の整備は、まず組織的経営を行うための組織設計を行うことから始めていきます。例えば、社内における業務を機能別に整理し、現業部門における権限と職責が明確になるような体制、管理部門の強化を進めていきます。また、各業務に内部統制機能を組み込んでいき、社内ルールを定めていきます。

　ただし、これらの整備は形骸化しないよう、会社の事業内容や組織規模等を踏まえて、業務が有効に機能するために必要かつ十分なものとなるように進めていく必要があります。

　下表は、経営管理体制構築の代表的なチェックポイントをまとめたものです。

CheckSheet

Ⅰ　組織体制の整備

Check!
☐ 会社組織は職務分掌が適切に行われるよう、例えば機能別に設計されていますか。

　一般的には、職務分掌や牽制機能等を働かせやすいことから機能別組織が多く採用されます。機能別組織に固執する必要はありませんが、会社を組織的に運営するための自社にとって最善と考える組織体制を検討しましょう。

Check!

☐ 会社の事業内容や組織規模等を踏まえて、経営戦略を適時・適切に遂行するための適切な職務分掌が行われていますか。

　　自社の組織体制において、各業務の指揮命令系統が一元化され、職責・権限等が分散するような職務分掌体制を構築することが必要です。その中で、各部門・業務における責任者が明確になっていないかどうかも確認することも重要です。

　　また、現状の組織体制と比較することで、現在の組織体制において足りていない人員を明確化することができます。

Check!

☐ 組織設計において特定の従業員が複数の部門や業務を兼務している状況にありませんか。

　　組織的な経営を行う上で、適切な職務分掌が必須ですが、人的リソースや業務量等を踏まえ複数の部門や業務を兼務するケースは珍しくありません。

　　そのような場合にも、職務分掌による内部牽制機能を働かせる必要があるため、部門横断的な兼任（いわゆる「ヨコの兼任」）は好ましくないとされることが多く、上位の役職者が下位の役職者の業務を兼任（いわゆる「タテの兼任」）することは認められる場合があります。

Check!

☐ 社内の業務は特定の従業員の能力に過度に依存し、権限が過度に集中している状態となっていませんか。

　　IPO準備を進めている中小企業では社内のリソースが十分に確保できていないこともあります。しかし、特定の従業員の能力に過度に依存すると突然の退職や、長期休暇により業務が機能不全に陥る可能性があります。また、特定の従業員に権限が集中すると内部牽制が働かなくなり、不正の温床にもなりかねません。

161

Ⅱ　管理体制の実効性の確保

Check!

☐　経営企画機能を持つ部門の設置はされていますか。

　　会社は戦略の実行のため自社が保有する経営資源を有効に配分することで効率的な経営を行っていくことになります。そのため戦略の実行と資源の配分を行うための管理組織を持つことは重要です。

Check!

☐　会社の事業運営が効率的に行われるよう経理機能・財務機能・総務機能・人事機能等の機能を有する管理部門を設置し、必要な人員を投入していますか。

　　事業経営を効率的に行うためには、管理部門の体制を整備し、充実させることが必要です。ただし、管理部門が過度に肥大化すると事業運営の効率性が失われることになるため、会社の規模や組織、事業環境等に則して必要十分な管理部門を設置するよう留意します。

Check!

☐　経理機能、財務機能は分離されていますか。

　　経理機能と財務機能は密接不可分な関係にあります。そのため、これらの機能を分離することによって、内部牽制が機能し不正が行われる可能性を未然に防ぐことが期待できます。

Ⅲ　内部統制の整備

Check!

☐　社内の主要な業務は特定の従業員のみで完結することなく、複数人が関与する仕組みとなっていますか。

内部牽制機能は内部統制整備の主要な一つの機能となります。業務に複数の担当者を関与させることにより相互牽制を働かせる仕組みを整えることにより不正や誤謬を防止もしくは発見することができます。

Check!
☐ 過去の経験上ミスが生じやすい業務やミスが生じた場合に経営上重要な影響を受けるような業務については、特に社内リソースを割いて業務の内容を確認する体制が構築されていますか。

　すべてのリスクに対して防衛策を講ずることは効率的ではありません。内部統制の整備は、ミスが生じやすい業務やミスが生じた場合に経営上重要な影響を受ける可能性のある業務に関するリスクに対応するように整備をすることが効率的です。

Check!
☐ 稟議制度が整備され、運用されていますか。

　企業の意思決定プロセス・責任を明確にし、組織的経営を円滑かつ効率的に行うための手段として稟議制度は重要なものとなります。
　稟議制度の適切な運用により、社内で定めた職務分掌を実現するための手段ともなります。

Ⅳ　社内諸規程の整備

Check!
☐ 社内で有効な規程を把握していますか。

　規程の整備を行うにあたっては、現在社内で有効な規程を把握することから始まります。
　有効な規程は株式上場に向けた改訂の必要性の検討、未作成の規程は新規規程の作成が必要となってきます。

Check!

□ 上場までに必要な規程類を理解していますか。

　　株式上場にあたって、必要な規程を網羅的に識別し、優先度を設けながら新規規程の作成や既存規程の改訂作業を進めていくこととなります。

Check!

□ 規程類の整備を行う担当者は、社内の業務を理解しコミュニケーションをとれる従業員としていますか。

　　規程類の作成は、社内の管理部門等の特定の担当者のみによって進めることは適切ではない場合があります。すなわち、規程類は社内において適切に運用されることによってはじめて意味を成すものであることから、実際に運用する部門の意見を聴取したうえで整備を進めていくことが重要です。

STEP3 ルールをさらに詳しく知る

3　上場審査における経営管理組織の考え方

　会社が上場するということは、オーナー経営者が大きな影響力を持っていた従前の同族経営から脱却し、組織的経営を行うことが求められてきます。すなわち、会社は多くの株主から預かっている会社財産を適切に保全し、効率的に運用し、管理することが求められてきます。具体的には、以下のような観点から整備を進め、組織的経営を行うことができる体制を構築していきます。

- ・職務の分掌を明確化し、権限や職責を担当者に適切に分担させる体制・組織の構築
- ・会社を組織的に管理するための経営管理部門の整備
- ・内部統制の整備
- ・社内諸規程の整備

　なお、組織の整備は自社のビジネスモデルや経営理念、業務内容、事業規模などによって必要な形が異なります。一般的には、上記の職務分掌や牽制機能等を働かせやすいため、組織を「営業」「製造」「経理」「人事」等の業務に基づき部門を組成していくという機能別組織の形をとることが多くみられます。

4　職務分掌制度の構築

　組織的な経営を行うには職務分掌を明確化することが重要です。すなわち、社内において従業員や役職者が果たすべき職務の内容を明らかにすることです。また、職務分掌を明確化することに伴い、それぞれの職務における責任の範囲と、そのために必要な権限を明確にすることも重要です。

属人的経営下で特定の個人に集中していた職務を複数の従業員に分散化し、権限を部下に委譲していくことにより業務の効率化・専門化を進めることとなります。属人的経営は事業上のリスクにもなり、不正等を生む要因にもなる可能性があることから、上場審査においては職務分掌が不十分である場合には、内部牽制が阻害されていると判断され問題視されることになります。

5　経営管理組織の整備

組織的な経営を行うためには、営業部門や製造部門等の事業運営を担う部門において適切な職務分掌が進む組織体制の整備に加え、各事業部門が効果的かつ効率的に業務運営が可能となるような管理部門の体制を整備することが必要です。具体的には、経営企画機能、経理機能、財務機能、人事・労務機能、総務機能等の機能を整備することが求められてきます。ただし、過度な管理機能の強化は組織を硬直化させることにもなりかねないため、会社規模や業態、組織風土等に則した管理水準となるよう整備を進めていく必要があります。

また、会社の事業規模の変化や経営環境の変化に応じて必要な管理体制は異なってくるため、自社の経営管理に有用な管理組織となるよう適宜見直しを行っていくことも重要です。

6　内部統制の整備

経営管理体制を有効に機能させるためには、適切な職務分掌がなされ、管理組織を整備することに加えて、整備された組織において内部統制を機能させることが必要となります。

内部統制は「業務の有効性及び効率性」「報告の信頼性」「事業活動に関わる法令等の遵守」「資産の保全」といった目的を達成するために業務に組み込まれ組織内のすべてのものによって遂行されるプロセスをいいます。

IPO準備の過程では、企業が組織として効率的な経営活動を行う一方で事

故、不正、誤謬等をある程度未然に防止し、不測の損失を防ぐなど適切な対応ができる状況にあるかどうかが確認されます。

特に財務報告については投資家の投資意思決定を判断する重要な情報であり、その信頼性を確保することが強く求められ、上場会社には財務報告に係る内部統制について、一般に公正妥当と認められる内部統制の評価の基準に準拠して、その有効性を経営者自らが評価しその結果を外部に向けて報告することが求められます。

なお、会社法では内部統制システムの整備に関する事項が明文化されており、また、金融商品取引法では財務報告に係る内部統制報告制度が導入されています。具体的な制度の概要については次項目の「03 業務管理体制の整備」にて解説します。

内部統制機能の主要な一つの機能として、内部牽制機能が挙げられます。内部牽制機能とは、企業がその日常的な業務を遂行するにあたって、業務に複数の担当者を関与させることにより相互牽制を働かせる仕組みをいいます。内部牽制機能としては、業務の工程を複数人で分業する方法や、特定の担当者が行った業務の結果を他の担当者が確認する方法等がありますが、いずれも業務を特定の担当者のみで完結させないことにより、不正や誤謬を防止もしくは発見することができます。企業活動における様々な業務において内部牽制機能を働かせることが内部統制構築の基礎となります。

7 社内諸規程の整備

上述した内部統制を有効に機能させるための尺度として社内諸規程の整備が必要となってきます。組織において適切な内部統制機能を整備しても、それらが適切に周知され、運用されなければ有効な管理体制が構築できません。そのためにも、社内におけるルールや手順を諸規程として明文化し、社内に周知し、適切に運用されるようにすることが必要となります。

例えば、内部統制上不適切な行いをした従業員がいた際に、当該従業員の行いが不適切であることを指摘し、改善させるためにはその尺度としての

167

ルール（諸規程）が必要となってきます。

　なお、IPO準備を開始したばかりの中小企業では、定款や就業規則等の基本的なものを除き策定されている規程がほとんどないことも少なくありません。そのような場合に、一般的なひな型を参考に策定される場合もありますが、その際には実際の業務に適合していないルールや実際の業務において対応できない非現実的なルールとならないよう、業務の実状を踏まえた内容を検討することが重要です。

　社内規程は、組織運営関係規程（取締役会規程、監査役会規程、業務分掌規程、職務権限規程など）、人事労務関係規程（就業規則、給与規程、退職金規程など）、業務管理関係規程（予算管理規程、株式取扱規程、関係会社管理規程、販売管理規程、購買管理規程、資産管理規程、会社情報管理規程など）、経理関係規程（経理規程、原価計算規程など）などが考えられ、会社の事業内容や組織体制等を踏まえて必要かつ十分なものとして整備することが必要です。また、ここに列挙したもの以外でも、会社の規模や業種・業態及び成長ステージ等に応じて整備する必要があります。

　例えば、社内規程は「基本規程」「組織関係規定」「人事労務規程」「業務規程」「情報システム関連規程」等の区分に従って例示すると以下のような規程があります。

▊規程一覧（サンプル）

種　類	規程の名称	種　類	規程の名称
基本規程	定款	業務規程	経理規程
	取締役会規程		経理規程運用細則
	役員報酬規程		勘定科目取扱要領
	役員退職慰労金規程		予算管理規程
	株式取扱規程		固定資産管理規程
	規程管理規程		文書管理規程
	監査役会規程		印章規程
	監査役監査規程		販売管理規程
	会議規程		与信管理規程
組織関係規程	組織規程		内部監査規程
	業務分掌規程		外注管理規程
	職務権限規程		購買管理規程
	稟議規程		棚卸資産管理規程
	執行役員規程		小口現金取扱規程
人事労務規程	就業規則	情報システム関連規程	情報システム管理規程
	嘱託規程		情報資産管理規程
	パートタイマー就業規則		セキュリティポリシー
	給与規程		個人情報保護規程
	在宅勤務規程		コンピュータ機器等貸与規程
	人事考課規程	その他	管理職携帯電話機利用規程
	懲戒規程		インサイダー情報管理規程
	表彰規程		車両管理規程
	慶弔見舞金規程		職務発明規程
	育児・介護休業規程		商標管理規程
	安全衛生管理規程		危機管理規程
	退職金規程		防火管理規程
	出張旅費規程		
	マイカー管理規程		
	転勤費用補助規程		

業務管理体制の整備

STEP1 事案から上場ルールを理解する

1　業務効率の低下やトラブルにより不測の損害を被るリスク

　業務管理制度は、会社の事業活動を支える重要な仕組みであり、上場審査においても重要な審査項目となります。すなわち、主要な製品やサービスに関して、仕入れから販売に至るまでの主な業務の流れを説明し、各業務プロセスに適切な内部統制が組み込まれ、企業が自らリスクを発見し防止し、継続的な改善を促進し、これにより効率的かつ効果的な業務運営を実現するために不可欠な仕組みとなります。

　また、業務管理体制の整備は、会社法においては、「取締役の職務の執行が法令及び定款に適合することを確保するための体制その他株式会社の業務並びに当該株式会社及びその子会社から成る企業集団の業務の適正を確保するために必要なものとして法務省令で定める体制の整備（会社法362条4項6号）」が求められています。また、金融商品取引法においては、財務報告に係る内部統制報告制度（「J-SOX」）が導入されています。

　今となってはIPO準備と切り離して考えることができないJ-SOX制度ですが、2008年4月1日開始事業年度からすべての上場会社において適用されており歴史としては比較的浅い制度になります。

　まず、日本においてJ-SOXが導入されることとなった事案を見ていきましょう。

Case11　米国におけるSOX法成立のきっかけとなったエンロン

背景

　2001年12月、アメリカのエネルギー大手エンロンは巨額の粉飾決算や巨額の簿外債務の存在が明らかになり、連邦倒産法第11章の適用を申請し破綻した。エンロンは当時エンロンの破綻は、アメリカにおける最大規模の倒産事件であり、世界中に大きな衝撃を与えた。

　エンロンは、意図的な操作を行い連結対象外の事業体を設立することで、不適切なオフバランス取引を繰り返すことによって多額の損失が簿外に隠蔽されることになったとされる。

　2002年7月、アメリカの大手電気通信事業者ワールドコムも連邦倒産法第11章の適用を申請し破綻した。ワールドコムもまた巨大な粉飾決算を行っていたとされ、2001年のエンロンを上回る規模の倒産となった。

　ワールドコムは、費用を不適切に繰り延べることで利益を創出する粉飾を行っており、エンロンに比べるとシンプルな手法によるものであったとされる。

　エンロンやワールドコムの破綻により、当時の米国証券市場は大きな混乱に陥り、アメリカの株式市場全体に対する信頼を大きく低下させた。

原因・問題点

　エンロンやワールドコムの破綻に関してはいずれも社外取締役による企業統治（コーポレート・ガバナンス）がうまく機能していなかった点や、監査法人によるチェックが十分に機能していなかったという問題が指摘されている。

　また、粉飾を通して企業の財務報告が不透明となり、経営者が投資家等に対して誤った情報を提供していたことから、このような粉飾事件の再発防止と株式市場の信頼の回復を図るために、企業の透明性と説明責任を高めるための法的枠組みの必要性が求められた。

事案の与えた影響

2002年7月30日にSOX法（The Sarbanes-Oxley Act：企業改革法）が成立し、同法では、監査法人に対する規制の強化がされるとともに、経営者に対して「年次報告書の開示が適正である旨の宣誓書」の提出を義務づけ、さらに「財務報告に係る内部統制の有効性を評価した内部統制報告書」の作成を義務づけ、公認会計士による内部統制監査を義務づけた。SOX法によって、企業が自ら財務報告に係る内部統制を適切に構築し、運用する義務が明文化されることとなった。

Case12 日本の内部統制報告制度（J-SOX）のきっかけとなったカネボウと西武鉄道

背景

2004年3月にカネボウ株式会社は業績不振を受け産業再生機構による支援が決定された。その後2004年10月に自社に設置した「経営浄化調査委員会」の調査結果として、旧経営陣による過年度に粉飾決算が行われていた旨を公表した。この調査結果をもとに2005年5月2日に「有価証券報告書の訂正報告書」を提出し、子会社の連結外しや架空売上の計上をはじめとし多岐にわたる手法により過去5年間にわたり2,000億円を超える粉飾決算が行われ、1996年3月期から2004年3月期までの9期連続で債務超過であったとされている。

2004年10月13日、当時の東証一部に株式が上場されていた西武鉄道株式会社による有価証券報告書の虚偽記載が発覚した。具体的には西武鉄道の筆頭株主であった株式会社コクド（創業家が支配するグループ中核企業）が保有する株式数につき、コクド名義で所有する株式の数のみを記載し、他人名義で所有する株式の数を記載していなかった。

コクド名義の株式数と他人名義の株式数を合わせればコクドが西武鉄道の発行済株式総数の過半数を有する状況であり、その状況が40年以上にも

わたって続いていたのである。

これを受け、東京証券取引所は西武鉄道を同日監理ポストに割り当てることを決定し、その後12月に上場廃止された。

原因・問題点

当時の報道によれば、カネボウの粉飾は旧経営陣により主導されたとされている。また、当時カネボウの監査を行っていた監査法人の監査責任者は「カネボウの粉飾の実態を具体的に知ったのに、過去の不適切な監査が明らかになり、自分や監査法人の責任が追及されることを恐れ不正経理に加担し、適正意見を付けた」とされている。監査法人の粉飾決算への関与は当時衝撃を与える出来事であった。

また、西武鉄道の虚偽表示が行われていた期間に在任していた代表取締役等は各在任期間中、本件虚偽記載の事実を認識しながら、その訂正を指示等することなく、これを継続することを容認していたとされる。また、主要な1名についてはコクドの代表取締役としても、コクドが所有する他人名義株の存在や本件虚偽記載を認識しながらこれを公表しなかっただけでなく、本件虚偽記載の隠蔽に積極的に関与したとされている。

このようにいずれの事件も、単なる従業員不正ではなく、経営者が長期にわたって虚偽記載に関する事実の容認・隠蔽に関わっており、日本におけるディスクロージャー制度の信頼性、内部統制のあり方について一石を投じることとなった。

事案の与えた影響

金融庁はこれらの事件が証券市場、ディスクロージャー制度に対する国民の信頼を揺るがしかねない事態であるとの認識のもと、2004年11月16日に「ディスクロージャー制度の信頼性確保に向けた対応について」を取りまとめ、公表した。

この中で、ディスクロージャー制度に対する信頼性の確保に向けて「財務報告に係る内部統制の有効性に関する経営者による評価と公認会計士等

173

による監査のあり方」の検討を要請した。また、全開示企業に対し、株主の状況等についての開示内容を自主的に点検し、必要があればすみやかに訂正報告書等の提出を行うよう、各財務局を通じた指示が行われた。日本公認会計士協会が東京証券取引所との共同プロジェクトの検討作業の一環として、独自に訂正報告書の訂正内容の集計・分析を行った結果、その内容のすべてが自主点検に基づいて提出されたものかどうかは確認できないが、2005年1月31日までに訂正報告書を提出している会社数は652社で総訂正件数は1,330件に及んでいるとのことである※。

2004年12月24日には「ディスクロージャー制度の信頼性確保に向けた対応（第二弾）について」が公表され、財務報告に係る内部統制の有効性に関する経営者による評価の基準と公認会計士等による検証の基準の明確化を企業会計審議会に要請し、当該基準に示された実務の有効性等を踏まえ、評価及び検証の義務化につき検討することを明らかにされた。

その後、企業会計審議会内部統制部会は2005年7月に「財務報告に係る内部統制の評価及び監査の基準（公開草案）の公表について」を公表し、2006年6月に金融商品取引法が成立し、上場企業は2008年4月1日以降開始事業年度から財務報告に係る内部統制の評価を自ら行い、その結果を内部統制報告書に取りまとめ、有価証券報告書に合わせて提出することが求められた。また、内部統制報告書には財務諸表監査を行っている監査人による監査を受けることが義務づけられた。日本における内部統制報告制度の成立である。

※　日本公認会計士協会「ディスクロージャー制度の信頼性確保に向けて（監査人の厳正な対応等について）」（平成17年3月15日）

STEP2 実務における重要ポイントを確認する

2　チェックシート　業務管理体制の構築

　株式上場をするかどうかにかかわらず、会社の事業活動を支える仕組みとして業務管理制度を適切に整備することが重要です。企業が事業活動を行ううえで効率的かつ正確に業務遂行がなされない場合にはトラブルを未然に防げず、事業活動に重大な損害をもたらす可能性もあります。そのような観点から上場審査においては業務管理体制の整備は重要な審査項目となります。

　また、業務管理体制に組み込まれるべき重要な要素として内部統制があります。上場審査では、企業が自ら業務に内部統制を組み込み、リスクを防止・発見するための管理体制を構築することが求められます。

　下表は、業務管理体制構築の代表的なチェックポイントをまとめたものです。

CheckSheet

Ⅰ　業務管理体制（内部統制含む）構築全般

Check!
☐　現在行われている実際の業務の内容を把握していますか。

　業務管理体制を構築する前提として現状の社内で行われている業務を把握することは、社内において諸種のリスクに対応するための管理体制を構築するうえで重要になります。

Check!
☐　それぞれの業務におけるリスクを網羅的に検討していますか。

業務管理体制の構築はリスクマネジメントです。業務に潜在するリスクに対してリスクが顕在化しないような体制を構築していくことになります。

　　そのため、業務に潜在するリスクをより広く把握することが重要です。具体的に、リスクを抽出する際は、過去の経営上の課題や、問題が発生した経験、管理が困難な点などを社内の従業員と意見を出し合って検討することも有用です。

Check!
☐ リスクに対応する業務が属人的になっていませんか。

　　業務が特定個人に依存している場合にはその業務が社内においてブラックボックス化している可能性があります。そのような状況では特定の業務が不効率に行われていることや、担当者の退職等により円滑に業務の引継ぎが行われない可能性や、不正の温床にもなる可能性があるため、管理体制の構築においては特に注意が必要です。

Ⅱ　販売管理業務（例）

Check!
☐ 受注業務において業務管理体制が組み込まれていますか。

　・受注業務はマニュアル等により明文化されているか
　・受注内容は、社内の適切な権限者により承認されたものとなっているか
　・受注内容が出荷担当者等の社内の適切な部署や担当者等に適時に正確に伝えるための仕組みとなっているか

Check!
☐ 販売・納品業務において業務管理体制が組み込まれていますか。

　・販売・納品業務はマニュアル等により明文化されているか

・受注内容に従って、商品の発送や製品の製造・納入スケジュールが確保される体制が構築されているか
・契約内容に整合した商品や製品、サービスの所有権の移転タイミング等の支配の移転時期が明らかになっており、証憑書類が整備されているか

Check!

☐ 請求・回収業務において業務管理体制が組み込まれていますか。

・請求は契約条件に基づき、適切な時期に適切な金額でなされるような体制が構築されているか
・請求情報は一元管理され、入金期日等が明確になっているか
・請求に対する回収の確認は定期的に行われ未回収の債権についてはその回収プロセスが明確なものとなっているか

Check!

☐ 与信管理業務において業務管理体制が組み込まれていますか。

・新規取引先との取引開始時には、一定の調査の上で取引の与信枠の設定や、回収条件等の検討が行われているか
・継続顧客との取引が取引先ごとに設定された与信枠を超えて行われないことを確保する体制は構築されているか
・既存顧客における与信内容は定期的に見直される体制が構築されているか

Ⅲ　購買管理業務（例）

Check!

☐ 発注業務において業務管理体制が組み込まれていますか。

・発注業務はマニュアル等により明文化されているか

・購買先の選定にあたっては一定の基準を設けて、例えば金額が高額となった場合には複数の購買先から相見積もりをとる等のように購買先の合理性を検証しているか
・発注内容は、社内の適切な権限者により承認されたものとなっているか

Check!
☐ 購買業務において業務管理体制が組み込まれていますか。

・納品時には検収を行い、発注内容と適合した納品がなされているかを確認しているか
・検収手続きはマニュアル等により明文化されているか
・検収時には発注した内容との照合を行い、発注済未納品の残高を把握しているか

Check!
☐ 支払業務において業務管理体制が組み込まれていますか。

・請求書の内容は発注内容と整合しているものであることを確認しているか
・支払処理を実行する前に発注に対する納品・検収が適切に行われているかを確認しているか
・定期的に支払処理の漏れがないことを確認しているか

Ⅳ　在庫管理業務（例）

Check!
☐ 在庫水準の管理として、適正な在庫水準が把握されていますか。

・販売計画に照らして必要な在庫数量を把握しているか
・必要な在庫水準を維持できるような購買計画・製造計画となっているか

・在庫水準を維持するために必要な資金を確保できる資金計画となっているか

Check!

☐ 受払管理業務において業務管理体制が組み込まれていますか。

・在庫の受け入れ時には検品を実施し、納品内容、数量、金額を正確に帳簿や在庫管理システムに記録する体制が構築されているか
・在庫の払い出し時には出荷指示書等の情報に基づき現品との確認が行われ、正確に帳簿や在庫管理システムに記録する体制が構築されているか
・上記のプロセスを通して在庫の保有状況を適時に把握し、過剰在庫や在庫不足を適時に把握しているか

Check!

☐ 実地棚卸業務において業務管理体制が組み込まれていますか。

・実地棚卸は事業内容を踏まえて定期的（年1回、半期、四半期、月次）に実施されているか
・棚卸の方法は実地棚卸要領やマニュアル等により定型化されているか
・実地棚卸は実地棚卸要領に従い計画的に実施されているか
・実地棚卸の結果は適時・適切に会計記録に反映されているか

V 資金管理業務（例）

Check!

☐ 資金調達・運用管理において業務管理体制が組み込まれていますか。

・資金調達を実行する場合には、適切な機関や権限者により十分な検討がなされ実施されているか
・多額の資金調達については取締役会での決議事項として付議されて

いるか
・多額の資金運用を行う場合にはその必要性やリスクについて十分な
検討と議論がなされたうえで実行されているか

Check!

☐ 資金繰り管理において業務管理体制が組み込まれていますか。

・事業計画の内容を反映した資金繰り計画を策定し、運転資金が不足
する場合には必要な資金上の手当てを検討しているか
・資金繰り計画表を月次で作成し資金の過不足を把握しているか
・資金繰りの実績と計画を比較し、その際の原因を分析しているか

Check!

☐ 出納管理において業務管理体制が組み込まれていますか。

・出納担当者と記帳担当者は分離しているか
・手許現金は定期的（月次・日次）にカウントされ帳簿残高との一致
を確認しているか

STEP3　ルールをさらに詳しく知る

3　上場審査における業務管理体制整備の考え方

　企業が成長していく過程では営業活動等のように顧客との接点を持つ業務が重要であることは言うまでもありません。しかし、業務管理体制が整備されないまま事業規模の拡大を続けていくと、業務の効率性の低下やトラブル等が発生し、不測の損害や、収益獲得の機会損失、必要以上の対応コストが生ずることがあります。そのため、企業が安定的に成長していくためには、営業活動と同時に業務管理体制の整備も進めていくことが重要です。

　上場審査では、業務管理体制が適切に整備し、運用されているかが確認されます。具体的には、IPO準備の過程では、販売管理業務、購買管理業務、決算財務報告業務等の経営活動の主要な業務について、内部管理の方法、実際の内部管理体制の運用状況が、会社の業種・業態等に応じて適切なものであるかという観点から確認されます。

　具体的には、主要な製品・商品・サービスにおける受注から仕入・生産、納品及び代金の回収・支払に至るまでの主要な流れを示した事務フローチャート（J-SOX対応で作成したフローチャートでも可）並びに当該主要業務に使用した実際の帳票の写しの提出が求められます。

4　上場審査における内部統制報告制度（J-SOX）の位置づけ

　内部統制報告制度（J-SOX）とは上場企業に対して、財務報告に係る内部統制の評価を自ら行い、その結果を内部統制報告書に取りまとめ、有価証券報告書に合わせて提出することが求める制度です。また、内部統制報告書には財務諸表監査を行っている監査人による監査を受けることが義務づけられています。

IPO準備会社においては、新規上場を促すことを目的として社会・経済的影響力の大きな新規上場企業（新規上場時の資本金が100億円以上又は負債総額が1,000億円以上を想定）を除き、新規上場後3年間に限り「内部統制報告書」に対する公認会計士監査が免除されています。

しかし、上記の特例は監査の免除であって、内部統制報告書の提出は免除されていないという点に注意が必要です。つまり、会社としては財務報告に係る内部統制の整備と運用が求められており、IPO準備においてはその対応が求められているのです。

上場審査時には通常内部統制報告制度のもとで内部管理体制に問題がない見込みであることを確認されます。IPO準備の段階では上場審査対応としての業務管理体制の整備・運用をすすめるのみならず、株式上場後におけるJ-SOX対応も見越して準備を進めることとなります。

また、内部統制報告制度上の「内部統制報告書」の監査は免除されているものの、公認会計士や監査法人が行う財務諸表監査においては会社の内部統制の評価が行われます。したがって、IPO準備中から内部統制報告制度を見据えた監査法人とのコミュニケーションも求められることになります。

5　内部統制報告制度（J-SOX）の概要

内部統制とは、『業務の有効性及び効率性』、『報告の信頼性』、『事業活動に関わる法令等の遵守』並びに『資産の保全』といった4つの目的を達成さするために、業務に組み込まれ、組織内のすべての者によって遂行されるプロセスをいいます。

このように、内部統制の整備の目的は、本質的には財務報告目的のみを目的するものではないものの、内部統制報告制度（J-SOX）では、特に、財務報告の信頼性を確保するため、「内部統制の基本的枠組み」において示された内部統制のうち、財務報告に係る内部統制については、一般に公正妥当と認められる内部統制の評価の基準に準拠して、その有効性を自ら評価しその結果を外部に向けて報告することを求めています。

具体的に内部統制報告制度における内部統制評価は以下のように進められます。

■内部統制報告制度（J-SOX）における内部統制評価の手順

① 評価範囲の決定
▼全社的な内部統制については原則としてすべての事業拠点について評価する
▼業務プロセスの内部統制については重要な事業拠点における、企業の事業目的に大きく関わる勘定科目に至る業務プロセスは原則としてすべて評価する
② 全社的な内部統制の評価
▼全社的な内部統制の形態は、企業の置かれた環境や事業の特性等によって様々であり、企業ごとに適した内部統制を整備することが求められるが、「統制環境」「リスクの評価と対応」「統制活動」「情報と伝達」「モニタリング」「ITへの対応」といった内部統制の基本的要素ごとに評価項目を設定し、評価する

③　決算・財務報告に係る業務プロセスの評価

▼決算・財務報告に係る業務プロセスのうち、全社的な観点で評価することが適切と考えられるものについては、全社的な内部統制に準じて、全社的な観点で評価する

▼それ以外の決算・財務報告プロセスについては、それ自体を固有の業務プロセスとして評価する

④　決算・財務報告プロセス以外の業務プロセスの評価

▼例えば以下のような手順で評価する

・重要な業務プロセスについて取引の流れ、会計処理の過程を必要に応じ図や表を活用して整理し理解する

・業務プロセスについて虚偽記載の発生するリスクを識別し、それらのリスクがいかなる財務報告又は勘定科目等と関連性を有するのか、また、識別されたリスクが業務の中に組み込まれた内部統制によって、十分に低減できるものになっているか、必要に応じ図や表を活用して検討する

▼原則としてサンプリングにより、業務プロセスに係る内部統制の運用状況を確認する

▼業務プロセスに係る内部統制は「フロー・チャート」「業務記述書」「リスクと統制の対応表（リスク・コントロール・マトリックス、RCM）」といったいわゆる「３点セット」と呼ばれる資料を作成することにより行われることが多い

⑤　内部統制の報告

▼経営者は全社的な内部統制、業務プロセスの内部統制の有効性の評価結果を報告書として取りまとめる

6　業務プロセスに係る内部統制の整備

IPO準備を進めるにあたって大きな課題となってくるのが、『いかにして必要十分な内部管理体制を業務プロセスに組み込んでいくか』ということで

す。IPO準備を開始したばかりの中小企業は、急速な事業の成長途上にあることから、業容拡大に対して社内の管理体制が十分に整っていない場合も多くみられます。そのような中で、業務プロセスに係る内部統制を整備するには既存の業務を抜本的に見直し、場合によっては人員増強や人材配置の見直しを行うとったことも必要になってくる可能性があります。

　業務プロセスに係る内部統制の整備の方法は各社の状況や体制によって異なるものではありますが、例えば以下のような手順に従って整備を進めていくことが考えられます。

■業務プロセスに係る内部統制整備の進め方（例）

STEP1

現状の業務フローを「業務の流れ図」（フロー・チャート）や業務記述書に書き起こす

▽既存の業務をフロー・チャートや業務記述書に書き起こしていきます。書き起こす際には、すべての業務を詳細に網羅する必要まではありませんが、以後のSTEPを円滑に進めるために「誰が」「いつ」「どのような書類等で」「何をして」「どのように記録に残しているか」がわかるような形で文書化することが望まれます。

STEP2

業務フローにおいて潜在するリスクを検討する

▽各業務において潜在するリスクを検討していきます。リスクの洗い出しにあたっては一般的には、チェックリスト方式、アンケート方式、ブレーンストーミング方式、フロー・チャート方式等の方法があるといわれます。どれも一長一短ですが、一つの方法のみによらず、いろいろな方法を組み合わせることで、いろいろな角度からリスクを抽出することが有用です。

▽また、内部統制報告制度では財務報告に影響を与える、会計処理に影響を与えるリスクへの対応が求められますが、IPO準備という観点では広く業務管理体制の整備が求められているため重要なビジネスリスク等に対する対応が求められる場合もあります。

▽会計処理に影響を与えるリスクとしては、様々なものがありますが例えば『取引が網羅的に会計処理に反映されるか（網羅性）』、『金額は正確に処理されるか（正確性）』『取引の計上時期は適切な時期となるか（期間帰属の適切性）』といった観点で検討することが有用です。

STEP3

現状の業務フローにおいて、STEP2で検討したリスクに対応できる統制が整備されているかを検討する

▽洗い出した業務に潜在するリスクを踏まえ、STEP1で把握した現状の業務を改めて見直します。

▽それぞれのリスクに対して現状の業務において誤りを事前に防止又は誤りを発見するようなプロセスが組み込まれているかを確認します。また、セルフチェックは内部統制として十分ではないと判断されることが一般的であるため、重要な内容についてはダブルチェックが機能するようにプロセスを再構築することも必要です。

STEP4

リスクへの対応が不十分な場合には既存業務の見直しを行う

▽STEP3で既存の業務フローがリスクに十分に対応できていないと判断した場合には、そのリスク低減のために必要な業務を検討します。業務に見直しを行う際には、職務や権限の分掌を進め、追加の人員配置も行うことが必要となる場合もあります。また、チェックが行われたことを第三者が確認できるよう証跡を残すようにすることも重要です。なお、構築した内部統制は適切に運用されることが求められるため、業務の見直しにあたっては、必ず現場の意見を確認し、実現可能なものであるように配慮することも重要です。

第 **4** 章

企業内容や リスク情報等の 開示体制の整備

決算等の財務情報の開示に向けた準備

STEP1　事案から上場ルールを理解する

1　適切でない財務情報開示が招く会計不正のリスク

　上場審査では、企業が、自社の「企業内容、リスク情報等の開示」について、適示・適切に開示できる体制を構築しているかどうかについて、厳格に審査されます。

　企業内容やリスク情報等の開示は、投資家の意思決定材料として非常に有用な情報となります。そのため、企業は必要な情報を適切なタイミングで、正確に開示することが求められます。もし、そのような体制が構築されぬまま上場した場合、ルールに基づく開示時期に間に合わず、投資家の合理的な意思決定を妨げることになりかねません。また、不適切な開示は投資家の意思決定を誤らせてしまうこととなり、金融商品市場全体の信頼性を損ねてしまうことにもなりかねません。以上のような背景から、「企業内容、リスク情報等の開示」について、厳格な上場審査が求められているのです。

　特に企業の財政状態、経営成績及びキャッシュ・フローの状況といった財務情報の開示については会社の現況を把握し、将来の予測に資する重要な開示情報となるため、他の開示情報に比べてもより重要性が高くなります。

　投資意思決定の基礎となる情報は信頼性に足るものでなければなりません。情報発信者である企業がいかに自身の開示する財務情報の信頼性を訴えても、投資者がそれを鵜呑みにすることはできないと考えられます。そこで何らかの形で財務情報開示の信頼性を担保する必要があるため、独立した第三者で

ある公認会計士又は監査法人による財務諸表監査制度が存在し、すべての上場会社において財務諸表監査を受け、監査証明を受けることが義務づけられています。

しかし、財務諸表監査は財務諸表の作成には経営者による見積りや判断が多く含まれること、内部統制には状況によっては機能しない限界があること、監査が原則として試査により実施されること等の限界があるとされ、必ずしも万能ではありません。そのため、財務諸表監査が十分に機能せず、企業の不適切な会計処理が発覚することが多々生じています。不適切な会計処理が発覚すると、投資意思決定のための重要な情報がゆがめられることになるため、金融商品市場に多大な影響を及ぼすこととなります。そのため、そのような事案が発生する都度、企業のガバナンス強化や、財務諸表監査制度の見直し等が議論されることにつながっています。

以下では、近年の会計不正のうち金融商品市場や財務諸表監査制度、上場審査に重要な影響を及ぼした事案をいくつか見ていきます。

Case13 有価証券含み損を連結外のファンドへ飛ばしたオリンパス

背景

オリンパス株式会社は、1985年9月22日のプラザ合意による円高ドル安政策以降、急速な円高によって大幅な営業利益が減少した。このことを受け、オリンパスは、当時隆盛となりつつあった財テク（余剰資金を投資等で運用し、利益を増やす手法）を重要な経営戦略と位置づけ、金融資産の積極的な運用に乗り出した。

しかし、1990年にバブル経済が崩壊し、金融資産の運用による損失が増大しはじめることとなった。本来であれば、当該失敗を認め、その失敗による損失を財務諸表に適切に反映した上で、本業に経営資源を集中し、業績回復を企図すべきであるが、オリンパスはその失敗による損失を取り返すために一層の金融資産への投資を行った結果、その運用による損失はか

えって増大することとなった。

　当初、この運用損については、金融資産の会計処理が取得原価主義であったため、財務諸表にオンバランスされず、含み損となっていた。そのため、膨れ上がっていく含み損を将来それが実現されるまで先送りすることが可能であった。しかし、1990年代後半からはじまった会計ビッグバンにより、1997年から1998年にかけて、金融資産の会計処理については、時価評価することが求められるようになる。含み損の表面化を恐れたオリンパスは、オリンパスの連結決算の対象とならないファンド等を利用し含み損を抱える金融資産を簿価で売却する方法を用いて、含み損を抱える金融商品を連結外に飛ばすこととした。

　その際、受け皿となるファンドには金融資産を簿価で購入する資金がないため、オリンパスの預金を担保とした銀行からの融資で確保した資金を中間ファンドへの投資等を介して確保した。しかし、こうして飛ばした受け皿ファンドの金融資産はほとんど無価値のものであり、いずれはこれを解消する必要がある。そこで、M&Aを利用し、通常よりはるかに高額な企業買収代金やFA報酬の支払を装い、解消の資金を捻出して受け皿ファンドに流し込み、このような金融資産を解消した。そして、これらの買収代金等は、連結貸借対照表上「のれん」として計上し、10年から20年で償却するというものであった。

　この一連の処理は長い間隠蔽されていたが、2011年7月に、「このM&Aの会計処理にかかる不透明性について雑誌での報道がなされたこと」、「その報道に基づき当時の社長が社内調査を行い責任追及をした結果解任されたことからその経緯を社外に公表したこと」、「それを踏まえてオリンパスの株価は暴落したこと」から、オリンパスは第三者委員会を設置し、当M&Aの会計処理について調査を開始することになる。結果、先述の飛ばしの事実まで明るみとなり、オリンパスは上場廃止の危機まで追い込まれることになった。

原因・問題点

オリンパスが説明責任を回避するために不適切な会計処理を続けた結果、

上場廃止寸前まで追い込まれた原因としては様々な見解があるが、当時の第三者委員会によれば、以下のように指摘されている。

1．経営トップによる処理及び隠蔽であること

　本事案は、社長、副社長、常務取締役等のトップ主導により、これを取り巻く一部の幹部が秘密裡に行ったものである。オリンパスにおいては、このような会社トップや幹部職員によって不正が行われることを想定したリスク管理体制がとられていなかったことから、これらに関する監視機能が働かなかった。

2．企業風土、意識に問題があったこと

　会社トップが長期にわたってワンマン体制を敷いた結果、会社内部で自由に意見を述べることができない企業風土が醸成されていた。

3．隠蔽等の手段が巧妙であったこと

　本事案が長期にわたり発覚しなかった原因の一つとしては、損失隠蔽、飛ばしの手段が、書類や証拠を残さず、内部からも発見しにくい方法であったこと及び外部のファンドとM&Aを利用した一般にはわかりにくい手法がとられたうえ、取締役会や監査役会にも必要な情報はほとんど提供されなかったことが挙げられる。

4．会社法上の各機関の役割が果たされなかったこと

　会社法上のガバナンス面からすると、不正をチェックする機関としては、取締役会、監査役及び監査役会、会計監査人がある。本件のようにトップ自らが関与している不正をチェックすることは一般的には困難を伴うが、本事案においては、それらのチェック機能は、あまりにも不十分であった。

　取締役にはイエスマンが多く取締役会は形骸化し、社外取締役もこれにふさわしい人物が選定されておらず機能していなかったという。監査役会はさらに形骸化しており、社外監査役を含め監査役にふさわしい者が選任されず、監査役会として会社の事業方針に異議を述べた形跡はなかった。経営トップにおいてもそれを良しとし、何か指摘されることを嫌っていた。

5．監査法人が十分機能を果たさなかったこと

　監査法人は、本事案の一部取引が不合理なものではないかと一旦は指摘しており、このときチェック機能が働く可能性があったものの、次項で指摘される本来の機能を果たさなかった外部専門家による委員会の意見に安

易に依拠して結局正しい指摘をすることができなかった。また、有限責任あずさ監査法人からEY新日本有限責任監査法人への交代に当たっての引継ぎも十分ではなく、その責務を十分果たすことができてなかったと評価せざるを得ない。

６．外部専門家による委員会等が十分機能を果たさなかったこと

会社は、監査法人の指摘に対し、外部専門家による委員会等を組成して経営トップの意向を踏まえた報告書を作成させることで不正発覚を防止させた。結果、監査法人に正しい指摘を最後までさせなかった。

７．情報開示が不十分であったこと

オリンパスは、適時開示や有価証券報告書上、本件に係る情報提供について、最低限の開示しかしておらず、投資者に対し、投資判断を行う上で必要十分な開示を行っているとはいいがたい。

８．会社の人事ローテーションが機能していなかったこと

ジョブローテーションが欠如しているため、同一人物が重要な資産運用等の業務を担当することを防止できなかった。

９．コンプライアンス意識が欠如していたこと

損失を簿外にし、長期間ごまかすことを許容すること自体、歴代社長がコンプライアンスの意義を理解していないといえる。

10．外部協力者の存在

当事案においては、違法な財務処理であることを知りつつ、会社幹部に知恵を貸し、その助力をし、隠蔽にも加担した外部協力者が存在したことも長期間にわたる損失隠蔽スキームが実現した要因である。

事案の与えた影響

本事案は日本の開示制度や財務諸表監査制度の根幹を揺るがしかねないことから、制度に対する信頼回復のため、様々な改革が行われた。

例えば、監査人に対しては、これまで以上に監査対象企業で行われている不正や違法行為への強い対応が求められるようになったことから、監査人に対し、監査対象企業において違法行為を発見した場合には関係当局へ通報することを義務付けられた。また、本事案では監査人交代時の監査上

の課題の引継ぎが実施されていなかったことから、当該引継ぎが義務化された。

また、本事案は「のれん」を利用した不正が行われたことから、金融庁はM&Aで発生した巨額ののれん代については、重点的に審査することとなった。

さらに本事案は一部の役員によって進められた不正であったため、東証は上場企業に対し、ガバナンスの強化を要請するとともに、上場ルールを見直し、独立役員の役割強化を行った。

一方、当事案においてオリンパスは有価証券虚偽記載・監理銘柄への指定となったにもかかわらず、最終的に上場が維持されたわけである。結果として、株式市場に混乱を招いてしまったことから、東京証券取引所は上場廃止基準として有価証券報告書の虚偽記載を明示し、具体的な事例を表記し、抵触した場合には直ちに上場廃止とすることとした。

Case14　過度な目標達成圧力が不適切な会計処理を招いた東芝

背景

2008年9月、アメリカにおける投資銀行リーマン・ブラザーズの経営破綻を契機とする不況が世界に波及した、いわゆるリーマン・ショックが発生した。これにより、国内経済は大きく打撃を受け、景気は悪化した。また当時、円が安全資産と評価されたことに伴って円高が加速したこともあり、東芝の業績も大きく悪化した。

一方、東芝経営陣は、リーマン・ショックに始まる業績悪化からの脱却を図るため、各部署に対し達成が困難な目標を前提とした予算を策定させ、その目標が達成できるようプレッシャーをかけ続ける「チャレンジ」を行った。この「チャレンジ」によるプレッシャーは相当な圧力であり、現場は「不適切な会計処理」による粉飾で乗り切る術を選択することになる。

このような「不適切な会計処理」は内部監査や会計監査で強く指摘されず、

解決には至らないまま月日が流れた。

しかし、「チャレンジ」対応による「不適切な会計処理」は、東芝関係者から証券取引等監視委員会になされた内部通報が契機で表面化することになる。2015年2月15日、証券取引等監視委員会から金融商品取引法26条に基づき、報告命令を受け、工事進行基準案件等について開示検査を受けた。同年3月下旬には、当該検査対応における東芝による自己調査の過程で、2013年度における一部インフラ関連の工事進行基準案件に係る会計処理について、調査を必要とする事項が判明した。

同社はかかる事態を重く受け止め、当該これらの問題に対応するため、2015年4月3日に取締役会長と社外の専門家を委員とする特別調査委員会を設置した。この結果、一部のインフラ工事において、工事原価総額を過少に見積もり、工事損失（工事損失引当金を含む）が適切に計上されていない等の事象が判明した。さらに、当工事進行基準案件以外にも更なる調査が必要な案件が判明した。

同社は、より詳細な調査による原因究明と調査結果に対するステークホルダーからの信頼性を高める目的から、2015年5月8日、第三者委員会を設置し、同委員会による調査を開始した。

第三者委員会による調査は、最終的には以下4つの会計処理を対象とした。
①　工事進行基準案件に係る会計処理
②　映像事業における経費計上に関する会計処理
③　ディスクリート、システムLSIを主とする半導体事業における在庫の評価に係る会計処理
④　パソコン事業における部品取引等に係る会計処理

第三者委員会による調査の結果、「工事進行基準案件に係る会計処理」については、工事損失引当金の過少計上、「映像事業における経費計上に関する会計処理」からは、引当金の不適切な時期での計上、「ディスクリート、システムLSIを主とする半導体事業における在庫の評価に係る会計処理」からは、標準原価の改訂が不適切なことによる棚卸資産の過大計上と不適切な棚卸資産評価損の計上、「パソコン事業における部品取引等に係る会計処理」からは、有償支給取引を利用した利益の先行計上、という事象が検出

された。

　上記は同社が2008年から2015年までの長期間にわたって粉飾決算をしていたことを意味していた。この事実が明るみになった同社は、株価が大幅下落し、経営陣の交代、グループの解体を経て、非上場化に至ることになる。

原因・問題点

　不適切な会計処理の原因については、各案件で詳細は異なる。一方、共通要因も存在する。

　共通要因として、直接的な原因、間接的な原因は以下の通りとされる。

【直接的な原因】

１．経営トップらの関与を含めた組織的な関与

　経営トップらが意図的な見かけ上の当期利益の嵩上げ・損失等の先送りの実行を把握していたにもかかわらず、中止ないし是正していなかった。また、経営者トップが、社内カンパニー側に「チャレンジ」という業績達成のためのプレッシャーをかけることで、不適切な会計処理が行われる状況に追い込んでいた。

２．経営トップらにおける意図的な「当期利益の（実力以上）の嵩上げ」の目的

　当事案に係る案件のうち、いくつかについては、コーポレートの経営トップら又は社内カンパニーのトップらが「見かけ上の当期利益の嵩上げ」を行う目的を有していた事実が認められた。

３．当期利益至上主義と目標必達のプレッシャー

　短期的な利益達成目標が掲げられ、厳しい「チャレンジ」が課された。その結果、各カンパニー側で不適切な会計処理がなされた。不適切な会計処理は利益の先食いであり、その翌期に反動で業績が悪化するが、そこでさらに厳しい「チャレンジ」が翌期課されるので、さらに多額の不適切な会計処理がなされる、といった繰り返しに陥った。この結果、2015年の発覚まで不適切な会計処理が継続されることになった。

４．上司の意向に逆らうことができないという企業風土

同社には、上司の意向に逆らうことができないという企業風土が存在していた。

５．経営者における適切な会計処理に向けての意識又は知識の欠如

カンパニー側のトップに限らず、コーポレート側の経営陣の中においても適切な会計処理に向けた意識が欠如していたこと、そもそも会計の知識がなかったことから、不適切な会計処理を防ぐことができなかった。

６．東芝における会計処理基準又はその運用に問題があったこと

同社の会計処理基準の一部がそもそも不適切な基準であったこと、同社の会計処理基準自体は適切であったもののその運用が適切に行われなかったことから、不適切な会計処理が実施されていた。

７．不適切な会計処理が、外部からは発見しにくい巧妙な形で行われていたこと

本事案に係る各案件の多くが継続的に実施されていた背景としては、不適切な会計処理が、関係者に対して十分かつ真正な説明がなされることなく、外部から発見しにくい巧妙な方法で行われていたことが挙げられる。

【間接的な原因】

１．各カンパニーにおける内部統制が機能していなかったこと

各カンパニーにおける経理部が第一義的には適切な会計処理が行われているかをチェックすべきであるところ、本件について必要な会計処理を把握していたにもかかわらず実施しなかったこと、上長からの指示で何らの行動をとらなかったことから、経理部による内部統制が機能していなかった。

また、各カンパニーにおいて、経理部以外に不適切な会計処理をチェックする内部監査部門が設置されていなかった。

２．コーポレート（本社側）における内部統制が機能していなかったこと

経営トップや幹部職員の関与により、財務報告に係る内部統制が無効化していた。また、コーポレート各部門についても以下の理由により不適切な会計処理を指摘できず、内部統制が無効化していた。

▽財務部：「チャレンジ」の原案を担当する部署であること、担当執行役員であるCFO自身が不適切な会計処理に関与している場合があったこと。

▽経営監査部：同社の規模に比して人数が少なかったこと、主たる業務が経営のconsultant業務であり会計監査の視点がなかったこと、各部署の部長候補のキャリアパス的な位置づけの部署であり経験豊富なベテランが少なかったこと。

▽リスクマネジメント部：カンパニー等における財務報告に係る内部統制が適切に機能しているか否かをチェックすることは、実際は行っていない。

▽有報等開示委員会：財務報告に係る内部統制システムの有効性について独自に何らの確認や検討をした形跡がない。

３．取締役会による内部統制（監督機能）が機能していなかったこと

取締役会規則上、コーポレート経営会議審議結果及びコーポレート経営決定書による執行役社長決定事項は、取締役会決定事項となっている。しかし、工事進行基準が適用されるような工事の受注や当該工事における損失の発生については、コーポレート経営会議審議事項にも、またコーポレート経営決定書による執行役社長決定事項にも含まれていないことから、報告対象になっていない。

さらに、調査を行ったいくつかの案件について、不適切な会計処理が行われていることを認識することが可能な資料に基づいて社長に報告がなされていることが認められたが、取締役会においてこれらが報告されたことはなかった。

このように本事案に係るものについてそもそも取締役会の決定事項の俎上に上がってこなかったことから、取締役会による監督機能が機能していなかったといえる。

４．監査委員会による内部統制（監督機能）が機能していなかったこと

不適切な会計処理について、その事実を把握しているにもかかわらず、監査委員会として取締役会に報告や指摘等を行った事実は見当たらない。

原因としては、当該不適切な会計処理を行っていた期間、監査委員会のメンバーの中で財務・経理の知見を有した常勤の監査委員が１名しかいなかったこと、監査委員会の補助スタッフとして財務・経理に精通した人材が多く配置されていなかったことが挙げられる。

また、同社の監査委員会は、３つの視点として①業務の有効性及び効率性の確保、②コンプライアンス及びリスクの管理、③財務情報・開示情報

等の信頼性の確保、を掲げていたが、①を重視する傾向になったとされ、結果、②と③の視点に基づく監査が実施されなかった結果、不適切な会計処理を監査委員会が指摘できなかった原因であるといえる。

5．会計監査人による監査

本事案は同社による会計処理の意図的な操作を伴うものある。よって、外部である監査人が監査（四半期レビューを含む）を通じて指摘することが困難な状況であった。

6．業績評価制度

同社の役職員の報酬は・賃金には、業績評価制度が採用されており、職務報酬のうち40%から45%を占める。担当部門の期末業績に左右されるため、「チャレンジ」達成の動機付けないしはプレッシャーにつながった可能性が高い。

7．人事ローテーション

同社において、財務・経理部門に配属される従業員は、入社から退社までの期間、継続して財務・経理部門に配属されるのが通常であった。このような状況では、過去に他の財務・経理部門の従業員関与の不正な会計処理を気付いたとしても、仲間意識から是正されることは困難であった。

8．内部通報制度が十分に活用されていなかったこと

同社において内部通報制度窓口が設置されているものの、毎事業年度数十件の程度であり、同社の規模に比べて、少なかった。また、本事案に係る通報は1件もなかった。よって、内部通報制度が十分に活用されていなかった。

事案の与えた影響

当事案により、経営者のコンプライアンス意識が欠如している場合には、どのような素晴らしい内部統制組織が社内に構築されていたとしても、経営者不正に対しては意味をなさないことが改めて認識された。よって、経営者に対し、法令遵守が強く求められるようになった。

また、本件は、会計監査のあり方についても議論となった。東芝の一連の会計不正は巨額であるものの、不正のやり口としては古典的なものも多

く、通常の監査手続でも十分対応できるのではないかとの指摘がなされている。また、パートナーローテーション制度（業務執行社員（パートナー）が継続的に同じ被監査企業に従事できる期間に上限を設け、これを強制的に交代させる制度）は結果として、期待された「新たな視点での会計監査」という観点からは、有効に機能していなかったともされており、監査体制の強化や厳格化にもつながっているとされている。

Case15　史上最短、上場7か月で上場廃止となったエフオーアイ

背景

　株式会社エフオーアイは、神奈川県相模原市に本社を置いていた半導体製造装置メーカーである。

　同社は、2009年11月20日に東証マザーズに上場したが、その際、上場審査を有利に進めるため、2009年9月期の売上高について、売上の過大計上等による不正な財務報告を行った。具体的な方法としては、海外からの売上取引を偽装し、売上高を架空計上したこと、同時に架空計上された売上債権については、出資ファンドからの出資金を簿外の口座に入れその口座から同社のオンバランスされている口座に入金することで回収を偽装した。この結果、本来は2億円程度の売上高であるにもかかわらず、2009年9月期の売上高は118億円と開示され、売上高の9割が架空計上されていた。

　2010年5月18日、当該粉飾が明るみとなり、同年6月15日、同社は上場廃止となる。上場してから7か月の上場廃止は史上最短であった。同社は上場廃止前の同年5月31日には破産手続が開始されており、2014年9月24日には破産手続が結了、法人格が消滅している。

原因・問題点

　同社は2004年9月期から赤字であった。しかし、役員自ら預金記録の偽

造や取引先内部者との共謀により粉飾決算を行うことで、黒字を確保した。また、会社や取引先を巻き込んだ不正を行うことで、外部の会計監査人を長期にわたって騙しつづけ、誤った監査意見を表明させた。

　また、主幹事である証券会社や東京証券取引所も、内部通報が2件あったにもかかわらずエフオーアイからの説明（内部通報した内部監査室長は問題がある等）を鵜呑みにしてしまった。

　この結果、本来上場することができないような企業が上場してしまう事態となった。

事案の与えた影響

　本事案ではエフオーアイの株主が、エフオーアイのIPOにおける主幹事証券会社であるみずほ証券株式会社に対し、損害賠償責任の裁判を起こした。そして、2020年12月の最高裁において、主幹事証券会社として当該粉飾の調査が不十分だったとして、みずほ証券の損害賠償責任を認めることとなった。

　裁判の結果を受け、証券会社は従前の審査体制の強化が求められることになり、それは上場を希望する企業の上場負担の増加につながることになる。

　また、本事案では、同社の内部監査室長が、主幹事証券会社であるみずほ証券や東京証券取引所に対し、内部告発をしたにもかかわらず、黙殺された結果、上場審査をすり抜けてしまっている。この反省を踏まえ、上場審査中の内部告発については、より慎重な審査対応が求められるようになった。

STEP2 実務における重要ポイントを確認する

2 　チェックシート　適切な財務情報開示体制の整備

　適切な財務情報等の開示を行うには、上場会社が求められる法定開示やディスクロージャー等の内容を適切に理解すること、ディスクロージャー情報を適時に開示できるようになることが重要なポイントとなります。

　会社法や金融商品取引法が上場会社に要請する開示内容は、IPO準備の段階で理解し、それが漏れなくできるようにしなければなりません。

　また、ディスクロージャー情報は多くの投資者にとって、投資意思決定に必要な情報ですので、上場会社は、できる限り適時適切に開示することが原則求められます。開示内容を理解しそれを正確に抽出できるようになったとしても、法律や市場のルールが求める期限までに開示できる体制を構築できなければ、適切な財務情報開示体制を有しているとはいえず、上場審査において問題視されます。

　下表は、適切な財務情報開示体制構築の代表的なチェックポイントをまとめたものです。

CheckSheet

Ⅰ　ディスクロージャーの内容

Check!
☐ ディスクロージャー制度がなぜ重要なのか、理解していますか。

　ディスクロージャーとは、会社のステークホルダーに対して、会社の財政状態、経営成績及びキャッシュ・フローの状況等の様々な内容を提供することです。

非上場会社と異なり、上場会社は特に外部の投資家への適切な情報開示が強く求められています。それが開示内容の充実や開示頻度の増加として実際に現れます。

　経営陣や開示に係る担当者においてディスクロージャー制度の重要性について理解度の低い状況では、増加する開示内容への対応力が育成されにくくなり、結果としてディスクロージャー体制の構築が遅々として進まない根本原因につながります。

Check!

☐ Ⅰの部、Ⅱの部・各種説明資料について、適切に理解していますか。

※グロース市場への上場の場合は、Ⅱの部の作成は不要ですが、Ⅱの部に類似する「各種説明資料」について、上場審査において作成が求められます。

　Ⅰの部とは、金融商品取引法における有価証券報告書の様式に準じて作成されます。企業情報、提出会社の保証会社等の情報、特別情報、株式公開情報の4部構成となっています。Ⅰの部は、上場時に提出される有価証券届出書や上場後に毎期開示することになる有価証券報告書のベースになります。

　Ⅱの部・各種説明資料は、上場申請にあたっての会社内容説明書であり、申請時における各種資料のなかでも目玉といえるため、上場審査における重要書類となります。Ⅰの部と比較し、全般的かつ詳細に記載されますが、上場審査目的に作成されるため、一般には公開はされません。

Check!

☐ 連結財務諸表を作成する場合には、連結財務諸表を作成できる体制を整備していますか。

　上場会社は連結財務諸表の作成が求められます。なお、会社法上も会社法上の大会社であり、有価証券報告書提出義務がある会社になれば、連結計算書類の提出が求められます。

　自社だけではなく、子会社を含め、連結財務諸表を作成するための

能力や情報収集体制、経理人員の確保が必要となります。

Check!

☐ キャッシュ・フロー計算書を作成できる体制を整備していますか。

　連結財務諸表同様、上場会社はキャッシュ・フロー計算書の作成が求められます。キャッシュ・フロー計算書の作成を行うにあたり、会計データから必要な情報を容易に抽出できるようになっているかが課題となります。

Check!

☐ 直前2期間（直前々期、直前期）の決算書に対する監査法人からの監査証明は入手可能となっていますか。

　申請期をn期とした場合、直前々期はn-2期、直前期はn-1期と表現されます。Ⅰの部においては、n-2期、n-1期それぞれに監査法人の監査証明が求められます。

Check!

☐ 過去5期分の決算書について、税務会計ベースではなく企業会計ベースで作成されていますか。

　Ⅰの部では、監査法人の監査対象外であるものの、過去5期分の経営成績等を開示することが求められます。n-1期、n-2期は監査法人の監査証明対象なので、企業会計ベースの数値になっていますが、n-3期、n-4期、n-5期についても、監査法人の監査証明対象ではありませんが、原則として企業会計ベースの数値に組み替える必要があります。

Ⅱ　タイムリーディスクロージャー（決算早期化）

Check!

☐ どのような開示書類をいつまでに開示提出しなければならないか理解し、その体制を確保していますか。

　　例えば 3 月決算会社の場合、金融商品取引法上、年度決算は 3 月31日から 3 か月以内、半期決算は 9 月30日から45日以内に、財務局に一定の書類を提出する必要があります。

Check!

☐ ディスクロージャーの責任者は、企業会計基準や各関連法令の概要を適切に理解していますか。

　　企業会計基準、税法、会社法、金融商品取引法の最新の改正情報をキャッチアップし、開示対象情報に漏れがないようにする必要があります。

Check!

☐ ディスクロージャーの責任者は、会社の財政状態・経営成績・キャッシュ・フローの状況やビジネスの内容などを十分理解した上で、それらを適切に説明できる能力を持っていますか。

　　ディスクロージャーの責任者は単に開示制度の理解に精通しているだけでは不十分です。ステークホルダー等外部に、自社の情報を正確に伝えるためには、会社の業績やビジネスの内容を正確に理解しなければなりません。これらを理解することで、はじめて、会社の数値を対外的にわかりやすく、正確に伝達することができるようになります。

204

Check!

☐ ディスクロージャー担当部門（経理部門等）メンバーのマンパワー及びスキルは適切に確保されていますか。

　ディスクロージャーの責任者を支えるスタッフの確保は重要です。責任者レベルの知見は求められませんが、正確な決算書を作成する手足として最低限の企業会計基準・税法の知識を有することが求められます。

STEP3　ルールをさらに詳しく知る

3　ディスクロージャー制度とは

　ディスクロージャー制度とは、有価証券の発行・流通市場において、一般投資者が十分に投資判断を行うことができるような資料を提供するため、有価証券届出書を始めとする各種開示書類の提出を有価証券の発行者等に義務づけ、これらを公衆縦覧に供することにより、有価証券の発行者の事業内容、財務内容等を正確、公平かつ適時に開示し、もって投資者保護を図ろうとする制度のことです。企業は法令等に従って、自らの財務情報やリスク情報などの重要な情報を適時に公開することが求められます。

　上場企業には金融商品取引法、会社法、証券取引所等の要請を受けた様々な情報開示が求められるため、新規上場にあたってはこれらの要請を正しく理解することが必要になります。

(1) 金融商品取引法の規定

　金融商品取引法では投資家に対しての情報開示に関するルールを規定しています。有価証券を発行する企業は、有価証券の発行・流通市場において投資家が適切な投資判断を行うことを可能にさせる情報を提供する必要があります。そのため、有価証券発行者は「有価証券届出書」を内閣総理大臣に提出する義務があります。上場企業はさらに「有価証券報告書」等の提出が義務づけられています。これらの報告書には個別財務諸表及び連結財務諸表を始めとして、会社の概況、事業の概況、営業の状況、設備の状況に関する詳細な情報が開示されます。

(2) 証券取引所等の要請

　証券取引所や日本証券業協会は、投資家の保護を目的として、上場企業に

対して業績などの情報を適時、適切に開示するタイムリー・ディスクロージャーを要請しています。また、増資や合併等の決定事項、災害や訴訟等の発生事実等は、証券取引所が運営するコンピューター・システム（TDnet）で公表されています。

(3) 会社法の規定

会社法では株主に対する情報開示に関するルールを規定しています。すべての会社は、定時株主総会の招集通知に計算書類（貸借対照表、損益計算書及び株主資本等変動計算書）及び事業報告の提出が義務づけられています。

4 我が国における情報開示制度の体系

情報開示の体系としては、法定開示、適時開示、任意開示の3つがあります。

(1) 法定開示

法定開示には、会社法、金融商品取引法に基づき開示される情報となります。各法それぞれで定められているため、求められる書類も異なります。たとえば、会社法の場合は計算書類、金融商品取引法の場合は有価証券報告書、となります。特徴として、正確性や十分性が求められます。

① 会社法

会社法における開示書類は下表のように整理されます。会社法は上場しているか否かに関わらず、すべての会社に対して一定の情報開示が求められています。ただし、開示すべき情報の範囲は会社の機関設計や会社の状況により異なります。

▌会社法に定められる開示書類

種類		対象会社	内容
①計算書類	計算書類	すべての会社となりますが、会社の機関設計により、事業報告や注記表の記載内容が異なります。	貸借対照表
			損益計算書
			株主資本等変動計算書
			個別注記表
	事業報告		－
	附属明細書		計算書類の附属明細書
			事業報告の附属明細書
②連結計算書類		事業年度末において会社法上の大会社で、有価証券報告書提出義務のある会社。なお、大会社とは、最終事業年度に係る貸借対照表の資本金が5億円以上又は負債の額が200億円以上の会社を指す。	連結貸借対照表
			連結損益計算書
			連結株主資本等変動計算書
			連結注記表
③臨時計算書類			貸借対照表
			損益計算書

　事業報告書においては、会社の機関設計次第で、開示対象が異なります。下表はそれをまとめたものとなります。

▌機関設計の開示内容

対象会社	条文	記載項目
すべての会社	会社法施行規則118条	株式の状況に関する重要な事項
		業務の適切性を確保するための体制の整備についての決議があるときは、その決定または決議の内容
		株式会社の財産及び事業の方針の決定を支配する者の在り方に関する基本方針を定めているときは、その内容の概要、実現のための具体的な取組み、具体的な取組みに対する取締役等の判断及びその理由等。いわゆる買収防衛策に関する開示も含まれる
公開会社	会社法施行規則120条	株式会社の現況に関する事項 ※連結計算書類を作成している会社は、これらの事項を、当該会社及び子会社からなる企業集団ベースで記載することができる。
	会社法施行規則121条、124条	株式会社の会社役員に関する事項
	会社法施行規則122条	株式会社の株式に関する事項
	会社法施行規則123条	株式会社の新株予約権に関する事項
会計参与設置会社	会社法施行規則125条	会計参与設置会社における記載事項 会計参与と責任限定契約を締結している場合には、その概要を記載する。
会計監査人設置会社	会社法施行規則126条	会計監査人設置会社における記載事項。ただし、公開会社でない場合には、以下の事項の記載は不要。 ・当該事業年度に係る各会計監査人の報酬等の額 ・非監査業務（公認会計士法2条1項の業務以外の業務）も対価を支払っている場合には、非監査業務の内容 ・会計監査人の解任又は不再任の決定の方針

　また、個別注記表・連結注記表も同様で、会社の機関設計次第で、開示対象が異なります。下表はそれをまとめたものとなります。

209

▌機関設計別の個別注記表・連結注記表の開示対象

	注記記載項目	個別注記表			連結注記表
		会計監査人設置会社	会計監査人設置会社以外の株式会社		
			公開会社（※6）	公開会社を除く	
1	継続企業の前提に関する注記	○	不要	不要	○
2	重要な会計方針に関する注記（※1）	○	○	○	○
3	会計方針の変更に関する注記	○	○	○	○
4	表示方法の変更に関する注記	○	○	○	○
5	会計上の見積りに関する注記	○	不要	不要	○
6	会計上の見積りの変更に関する注記	○	不要	不要	○
7	誤謬の訂正に関する注記	○	○	○	○
8	貸借対照表に関する注記	○	○	不要	○
9	損益計算書に関する注記	○	○	不要	不要
10	株主資本変動計算書に関する注記	○	○	○	○
11	税効果会計に関する注記	○	○	不要	不要
12	リースにより使用される固定資産に係る注記	○	○	不要	不要
13	金融商品に関する注記（※2）	○	○	不要	○
14	賃貸等不動産に関する注記（※2）	○	○	不要	○
15	持分法損益等に関する注記（※3）	○（※4）	不要	不要	不要
16	関連当事者との取引に関する注記	○	○	不要	不要
17	一株当たり情報に関する注記	○	○	不要	○
18	重要な後発事象に関する注記	○	○	不要	○
19	連結配当規制適用会社に関する注記	○	不要	不要	不要
20	収益認識に関する注記（※5）	○	不要	不要	○
21	その他の注記	○	○	不要	○

※1 連結注記表にあたっては、連結計算書類の作成のための基本となる重要な事項及び連結の範囲又は持分法の適用の範囲の変更に関する注記。

※2 連結注記表を作成する会社は、個別注記表における当該注記は不要。

※3 連結計算書類を作成する会社は、個別注記表における当該注記は不要。

※4 会計監査人設置会社のうち、「大会社であって有価証券報告書の提出義務のある会社」以外の会社は記載不要。

※5 「収益認識に関する会計基準」を適用していない会社については、当該注記は不要。通常、会計監査人設置会社以外の株式会社は「収益認識に関する会計基準」を適用しないものと考えられるので、上表では不要としている。

※6 公開会社とは、会社法上は、定款に株式譲渡制限がない会社、となる。

② 金融商品取引法

金融商品取引法における開示書類は下表のように整理されます。

▌金融商品取引法における開示書類

発行市場か流通市場か	書類のタイプ	書類名
発行市場における開示書類 （発行開示）	間接的な開示書類	有価証券届出書
	直接的な開示書類	届出目論見書等
流通市場における開示書類 （流通開示）	継続的な開示書類	有価証券報告書
		内部統制報告書
		確認書
		半期報告書
	臨時的な開示書類	臨時報告書

　発行開示とは、有価証券の募集又は売出しなど市場に対して新たに株式等を発行する会社に求められる開示をいい、流通開示とは、すでに一定の流通性を持っている株式等を発行している会社に求められる開示となります。いずれも提出先は財務局（国）となります。なお、金融商品取引所に上場しようとする会社は、発行開示となりますが、その場合の有価証券届出書は新規公開会社用の所定の様式（内閣府令第2号の4様式）に従って届出書を作成し、提出する必要があります。当届出書の提出は金融商品取引所の上場申請に合わせて行われますが、上場申請書類として金融商品取引所に提出される「Ⅰの部」もこの様式を基に作成することになります。

　また、上場後は、流通開示として、有価証券報告書、内部統制報告書、確認書（有価証券報告書の記載内容について、適正であると確認した旨を記載したもの）及び半期報告書を開示します。

2　適時開示

　適時開示とは、タイムリー・ディスクロージャーとも呼ばれ、金融商品取引所が公正な株価形成及び当社保護の観点から適時に重要な会社情報の開示を行うことを、上場企業に義務付けているルールとなります。そのため有価証券上場規程等では、開示すべき事象、開示すべきタイミング等を具体的に

定めています。

　適時開示が求められる会社情報は、有価証券の投資判断に重要な影響を与える上場会社の業務、運営又は業績等に関する情報です。具体的に開示すべき項目は以下に掲げる種類に区分されます。

　なお、上場規程において、上場会社は、投資者の投資判断に及ぼす影響が軽微なものとして施行規則で定める基準（以下「軽微基準」という）に該当するものを除き、重要な会社情報の決定又は発生時に直ちにその内容を開示することが義務付けられています。軽微基準に該当するかどうか明らかでない場合にも、適時開示を行うことが義務付けられることになります。

▌適時開示が求められる会社情報

上場会社の情報
・上場会社の決定事実 ・上場会社の発生事実 ・上場会社の決算情報 ・上場会社の業績予想、配当予想の修正等 ・その他の情報 　（投資単位の引下げに関する開示、財務会計基準機構への加入状況等に関する開示、MSCB等の転換又は行使の状況に関する開示、支配株主等に関する事項の開示、非上場の親会社等の決算情報、事業計画及び成長可能性に関する事項の開示、上場維持基準への適合に向けた計画の開示）
子会社等の情報
・子会社等の決定事実 ・子会社等の発生事実 ・子会社等の業績予想の修正等

　上場会社は、事業年度、中間会計期間若しくは四半期累計期間（第2四半期累計期間を除く）又は連結会計年度、中間連結会計期間若しくは四半期連結累計期間（第2四半期連結累計期間を除く）に係る決算の内容が定まった場合は、直ちにその内容を開示することが義務付けられています。

　また、四半期累計期間（第2四半期累計期間を除く）又は四半期連結累計期間（第2四半期連結累計期間を除く）に係る決算の内容の開示にあたっては、施行規則で定める四半期財務諸表等の記載が義務付けられています。

各書類の提出時期については以下のように定められています。

決算短信の開示時期

▽上場会社は、決算の内容が定まったときに、直ちにその内容を開示することが義務付けられていますが、投資者の投資判断に与える影響の重要性を踏まえ、上場会社においては決算期末の経過後速やかに決算の内容のとりまとめを行うことが望まれています。

▽とりわけ、事業年度又は連結会計年度に係る決算については、遅くとも決算期末後45日（45日目が休日である場合は、翌営業日）以内に内容のとりまとめを行い、その開示を行うことが適当であり、決算期末後30日以内（期末が月末である場合は、翌月内）の開示が、より望ましいものとされています。

▽なお、事業年度又は連結会計年度に係る決算の内容の開示時期が、決算期末後50日（50日目が休日である場合は、その翌営業日）を超えることとなった場合には、決算の内容の開示後遅滞なく、その理由（開示時期が決算期末後50日を超えることとなった事情）及び翌事業年度又は翌連結会計年度以降における決算の内容の開示時期に係る見込み又は計画について開示する必要があります。

※決算短信及び第2四半期（中間期）決算短信には、事業報告等や有価証券報告書、半期報告書の法定開示に先立って決算の内容を迅速に開示する速報としての役割が求められるため、監査やレビューの手続の終了は開示の要件とはしていません。

第2四半期（中間期）決算短信の開示時期

▽第2四半期（中間期）決算の内容の開示については、金商法に基づく半期報告書の法定提出期限が中間期末後45日以内とされていることを踏まえて開示時期が検討されます。

▽上場会社は、決算の内容が定まったときに、その内容を直ちに開示することが義務付けられているため、第2四半期（中間期）決算の内容が定まったにもかかわらず、その開示時期を遅延させることはできません。そのため、上場会社は、遅くとも、金商法に基づく半期報告書の提出までには、第2四半期（中間期）決算発表を行うことになるものと考えられます。

※決算短信及び第2四半期（中間期）決算短信には、事業報告等や有価証券報告書、半期報告書の法定開示に先立って決算の内容を迅速に開示する速報としての役割が求められるため、監査やレビューの手続の終了は開示の要件とはしていません。

第1・第3四半期決算短信の開示時期

▽第2四半期（中間期）を除く四半期累計期間（以下「第1・第3四半期」という）に係る決算の内容の開示については、通期及び第2四半期（中間期）とは異なり有価証券報告書や半期報告書などの法定開示に対する速報としての位置づけではありません。

▽上場会社は、決算の内容が定まったときに、その内容を直ちに開示することが義務付けられていますが、半期報告書の法定提出期限に準じて、各四半期終了後45日以内に

開示することを原則とします。

▽そのため、第1・第3四半期決算短信の開示時期が、第1・第3四半期末後45日（45日目が休日である場合は、その翌営業日）を超えることが見込まれる場合又は45日を超えることとなった場合には、直ちにその理由（開示時期が決算期末後45日を超えることとなった事情）及び決算の内容の開示時期に係る具体的な見込み又は計画について開示する必要があります。

▽なお、レビューを受ける場合における、「決算の内容が定まったとき」の考え方については、以下のとおりです。

（レビューを義務で受ける場合）

信頼性確保の観点から公認会計士等によるレビューが義務付けられている趣旨に鑑み、レビューが完了次第、第1・第3四半期決算短信を開示することを原則とします。

（レビューを任意で受ける場合）

この場合の開示時期については、レビューが完了する前とするか、それともレビューが完了次第とするか、上場会社においてご判断ください（前者の場合、レビュー完了次第、改めてレビュー報告書を添付した第1・第3四半期決算短信の開示が必要となります）。

　なお、適時開示における四半期短信等の位置づけと、公認会計士又は監査法人が提供する監査やレビューとの関係性は以下のようになっています。

▍四半期開示の概要

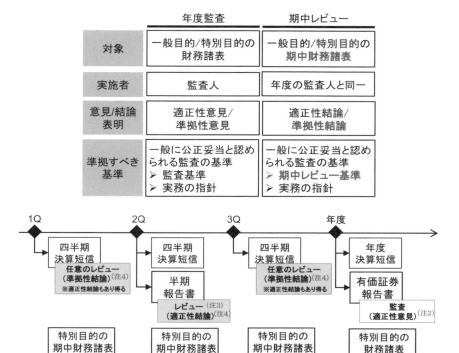

(注1) 四半期レビュー基準では、一般目的の四半期財務諸表に対する適正性に関する結論表明を行う場合のみを規定
(注2) 監査基準では、一般目的/特別目的の財務諸表に対する適正性/準拠性に関する意見表明を行う場合を規定
(注3) 第2四半期について、銀行等の特定事業会社等が提出する半期報告書等に含まれる中間財務諸表に対して、中間監査基準に基づき監査が行われる
(注4) 期中レビュー基準では、一般目的/特別目的の期中財務諸表に対する適正性/準拠性に関する結論表明を行う場合を規定

出典：日本取引所グループ PDF「四半期開示の見直しに関する実務の方針」

(3) 任意開示

　法定開示、適時開示いずれにも属さない開示となります。会社の詳細な事業活動報告やPR等を行うことになります。具体例としては、CSR報告書や環境報告書が挙げられます。

既存のステークホルダーのみならず、たとえば潜在的な投資者へのアピールを目的とする側面が強いものとなります。特徴として、自発性・積極性が求められます。

5 税務会計と企業会計

適切なディスクロージャーを行うにあたっては、計算書類等や有価証券報告書等における財務諸表を、一般に公正妥当と認められる会計基準により作成することが求められます。通常、IPO準備前の会社が採用する会計方針は法人税法等を基礎とした方法（以下「税務会計」といいます）によることが多くみられます。IPO準備の過程で監査法人の監査を受けることとなりますが、監査を受けるにあたっては、企業会計審議会が公表した企業会計原則や企業会計基準委員会が開発・公表する企業会計基準（企業会計基準）に従った方法（以下「企業会計」といいます）により処理することが必要となります。すなわち、上場前に行っていた税務会計から企業会計へ移行する必要があります。下表では、代表的な企業会計の適用に関する相違点の概要を説明します。

▍主要な税務会計と企業会計の相違

	税務会計の概要	企業会計の概要
収益の計上（売上の計上）	➢ 販売基準により商品の販売や役務提供完了時に収益計上 ➢ 例外的に工事進行基準等の方法も認められる場合がある	➢ 「収益認識に関する会計基準」に従い収益計上 （収益認識基準） 以下のSTEPに従い、約束した財又はサービスの顧客への移転時に権利を得ると見込まれる対価の額により収益を認識 STEP1：契約の識別 STEP2：履行義務の識別 STEP3：取引価格の算定 STEP4：履行義務への取引価格の配分 STEP5：履行義務の充足又は充足するにつれて収益を認識

費用の計上	➢ 債務確定主義（法的に支払義務が確定した時点）により費用計上	➢ 経済的事象の発生または変化に基きその時点で費用を計上し、収益の計上に対応する費用に一部の費用は繰延等を行う
原価計算	➢ 原則として、実際全部原価計算によって、原価計算が行われる ➢ ただし、未公開会社の中には、原価計算を実施していても直接費のみを集計している場合や、製造間接費の配賦基準が明確でない場合等必ずしも厳密な実際全部原価計算が行われていないケースが見られる	➢ 「原価計算基準」に従い原価計算を実施
棚卸資産の評価	（評価方法） ➢ 個別法、先入先出法、後入先出法、総平均法、移動平均法、単純平均法、売価還元法、最終仕入原価法の8種類から選択する必要 （期末評価基準） ➢ 「原価法」（決算ごとの評価替は行わない方法）か「低価法」（原則として売価から追加原価等を控除した金額（正味売却価額）で評価する方法）のいずれかを選択し評価する必要	（評価方法） ➢ 税法基準で認められている方法のうち後入先出法、単純平均法は認められない。また、最終仕入原価法は原則として認められない （期末評価基準） ➢ 「棚卸資産の評価に関する会計基準」に従い評価 ➢ 収益性の低下等を棚卸資産に反映するため正味売却価額が取得原価を下回る場合に正味売却価額等により評価する必要
減損会計	－	➢ 「固定資産の減損に係る会計基準」に従い、固定資産が有している収益を獲得する能力の低下を帳簿価額に反映させるために減損損失として処理する ➢ 以下のSTEPに従い判定する STEP1：対象となる固定資産を一定のグループでまとめる（グルーピング） STEP2：グルーピングした資産ごとに、減損の兆候があるかを確認する

217

減損会計		STEP3：兆候がある資産について本当に減損の必要性があるかを判定する STEP4：減損損失として処理すべき金額を算出する STEP5：回収可能価額が簿価を下回る場合、簿価と回収可能価額の差額を減損損失として計上する
資産除去債務会計	－	➤　資産除去債務とは、有形固定資産の取得、建設、開発又は通常の使用によって生じ、当該有形固定資産の除去に関して法令又は契約で要求される法律上の義務及びそれに準ずるものを合理的に見積もり、貸借対照表に反映させる処理を行う
研究開発・ソフトウェア	市場販売目的のソフトウェア ➤　償却方法は原則として定額法（3年）のみ 自社利用のソフトウェア ➤　自社制作のソフトウェアで収益獲得または費用削減が不明の場合、資産計上が強制 ➤　償却方法は原則として定額法（5年）のみ	市場販売目的のソフトウェア ➤　償却方法は見込販売数量に基づく償却方法その他合理的な方法を採用すべき ➤　ただし、残存有効期間（原則3年以内）に基づく均等配分額を下回ってはならない 自社利用のソフトウェア ➤　自社制作のソフトウェアで収益獲得または費用削減が不明の場合、費用処理が強制 ➤　償却方法は性格に応じた合理的な方法を採用すべき 一般的には、 ・社内業務を効率化するため　→　定額法 ・他社へのサービス提供目的　→　見込収益に基づく償却方法

218

退職給付会計	－	➢ 「退職給付に係る会計基準」に従い、将来の退職金等の給付の現時点での負担額をB/Sに反映させるための会計処理 （会計基準の概要） <u>退職給付引当金（基準二1）</u> 退職給付債務－年金資産の時価±未認識の過去勤務債務・数理計算上の差異等 <u>退職給付費用（基準三1）</u> 勤務費用＋利息費用－期待運用収益±過去勤務債務・数理計算上の差異等当期償却額 ➢ 退職給付債務の計算にあたっては、『原則法』と『簡便法』の二通りの会計処理方法がある
税効果会計	－	➢ 税法基準による課税所得計算と企業会計基準による利益の相違を申告書により調整し、法人税等の税金は計算される ➢ このような税法基準と企業会計基準の相違で生まれた資産又は負債のズレに対して将来の税金を軽減または増加させる効果があるものについて繰延税金資産または繰延税金負債を計上することにより、税引前当期純利益と税金費用の対応をさせることになる
引当金	➢ 貸倒引当金、返品調整引当金のみ、引当金として計上することが認められる	➢ 貸倒引当金や返品調整引当金に限定されず、①当期以前の事象により生じる将来の費用または損失で②発生可能性が高く、③合理的に金額を見積もることができる場合には引当金計上する必要がある

| 引当金 | （引当金の例示）
・賞与引当金
・役員賞与引当金
・役員退職慰労引当金
・受注損失引当金
・工事損失引当金
・修繕引当金
・投資損失引当金 |

02 記述情報（非財務情報）の開示に向けた準備

1 記述情報（非財務情報）の開示の潮流

　近年、企業に対して記述情報（非財務情報）の開示を求める動きが国際的に強まってきていると言われています。記述情報（非財務情報）を開示することは財務情報の開示とともに、投資家による適切な投資判断を可能とし、投資家と企業の建設的な対話を促進することにより、企業の経営の質を高め、企業が持続的に企業価値を向上させる観点から重要であるとされています。

　記述情報は、企業の財務状況とその変化、事業の結果を理解するために、投資家に対して経営者視点での情報提供を行うとともに、財務情報を分析するための情報や将来の業績予測の基礎とするために重要な判断材料となることから、有価証券報告書において一定の開示が求められています。

　それは、有価証券報告書において「経営者による財政状態、経営成績及びキャッシュ・フローの状況の分析（Management Discussion and Analysis、いわゆる MD&A）」や「事業等のリスク」を始めとして様々な項目が設けられています。

　記述情報（非財務情報）の開示は、その歴史が浅く社会的要請の高まりを受けて徐々に記載項目が拡充されている過程にあります。

　例えば、2003年に「提出会社の状況」において、「コーポレート・ガバナンスの状況」が新設され、企業の機関の内容やリスク管理体制等の開示が義務付けられました。また、2003年には「経営者による財務・経営成績の分析」も新設され、財政状態等に関する経営者の説明が有価証券報告書において開示されることになりました。

　また、2008年には監査報酬の開示、2017年には「対処すべき課題」を「経

営方針、経営環境及び対処すべき課題等」へと拡充、2018年には「業績の概要」と「生産、受注及び販売の状況」を「MD&A」へ統合し記載拡充、2019年には役員報酬、政策保有株式等の記載拡充、2020年には「経営方針、経営環境及び対処すべき課題」「事業等のリスク」「MD&A」等の記載拡充といったように、順次記載の拡充が進んでいます。

さらに、2023年3月期からは、昨今の経済社会情勢の変化を踏まえて有価証券報告書にサステナビリティ情報の「記載欄」を新設するほか、人的資本・多様性やコーポレート・ガバナンスに関する開示の拡充改正が行われ、記述情報（非財務情報）の大幅な拡充が図られています。

▌企業内容等の開示に関する内閣府令－第三号様式（抜粋）

第一部【企業情報】
第1【企業の概況】
　1【主要な経営指標等の推移】
　2【沿革】
　3【事業の内容】
　4【関係会社の状況】
　5【従業員の状況】
第2【事業の状況】
　1【経営方針、経営環境及び対処すべき課題等】
　2【サステナビリティに関する考え方及び取組】
　3【事業等のリスク】
　4【経営者による財政状態、経営成績及びキャッシュ・フローの状況の分析】
　5【重要な契約等】
　6【研究開発活動】
第3【設備の状況】
　1【設備投資等の概要】
　2【主要な設備の状況】
　3【設備の新設、除却等の計画】
第4【提出会社の状況】
　1【株式等の状況】
　2【自己株式の取得等の状況】
　3【配当政策】
　4【コーポレート・ガバナンスの状況等】
第5【経理の状況】
　1【連結財務諸表等】

2【財務諸表等】
第6【提出会社の株式事務の概要】
第7【提出会社の参考情報】
　1【提出会社の親会社等の情報】
　2【その他の参考情報】
第二部【提出会社の保証会社等の情報】

2　サステナビリティ開示の概要

　2020年10月にわが国では2050年までにカーボンニュートラルを達成するという目標を設定しました。これにより、サステナビリティへの取組みが企業の主要な課題となり、投資家の間でその関心が高まっています。さらに、世界的には、サステナビリティ情報の開示基準の策定やその活用が急速に進んでいます。

　この背景を踏まえ、日本の企業はサステナビリティ情報の開示を主要な情報開示項目と位置づけ、その内容を継続的に充実させることが議論され、前述のように、有価証券報告書においてサステナビリティ情報を一体的に提供するための新たな「記載欄」が設けられることとなりました。

　サステナビリティとは、多くの主体が説明を行っている概念ですが、コーポレートガバナンス・コードやスチュワードシップ・コードでは「ESG要素を含む中長期的な持続可能性」と定義されています。サステナビリティ情報は、国際的な議論を考慮に入れると、環境、社会、従業員、人権の尊重、腐敗防止、贈収賄防止、ガバナンス、サイバーセキュリティ、データセキュリティなどの事項が含まれるとされています。

　これらの情報の開示は、企業の持続可能性を評価し、適切な投資判断を下すために不可欠です。このように、サステナビリティ情報の開示は、企業の持続可能な成長と社会の持続可能性に対する投資を促進するための重要な手段となっています。

　具体的には、有価証券報告書等の「事業の状況」において、「サステナビリティに関する考え方及び取組」を新設し、「ガバナンス」「戦略」「リスク

管理」及び「指標及び目標」といった4つの構成要素をごとに自らのサステナビリティに関する考え方・取組みの状況を開示します。また、「企業の概況」の「従業員の状況」において、「女性管理職比率」、「男性育児休業取得率」及び「男女間賃金格差」といった多様性に関する情報を開示することになります。

各企業にとって、自社の状況を念頭にサステナビリティ情報を把握し、投資家の投資判断に資するかどうかの観点から重要性を判断する枠組みが必要となる観点から、「ガバナンス」と「リスク管理」については、すべての企業に対し、開示が求められています。一方、「戦略」及び「指標及び目標」については、開示が望ましいとされつつも、現時点では、原則として「ガバナンス」と「リスク管理」の枠組みを通じて重要性を判断して開示することになっています。

例えば気候変動対応の場合、企業は、「ガバナンス」と「リスク管理」の枠組みを通じて、投資家の投資判断の観点から重要性を判断し、開示の要否を決定することになります。

▎サステナビリティ情報の「記載欄」の新設に係る改正の概要（金融庁「企業内容等の開示に関する内閣府令等改正の解説」より）

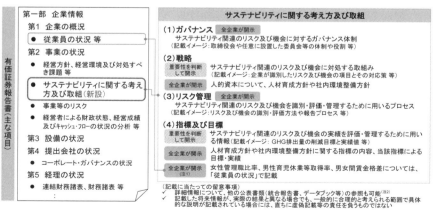

224

■サステナビリティ開示の概観（金融庁「サステナビリティ情報の開示に関する特集ページ」より）

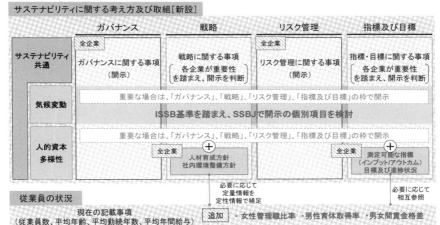

編著者紹介

◇編者

株式会社 G&S ソリューションズ

　「企業の成長を支援し、次世代へつなげる」という経営理念のもと、M&A 支援、IPO 支援、事業再生支援、事業承継支援等のサービスラインを揃え、企業がその成長に必要な戦略を立案及び実行し、経営を次世代に円滑に承継するための支援全般を行っているアカウンティング・ファームである。

　特に IPO 領域においては、IPO 準備の初期段階における課題の調査、制度会計の導入支援、内部統制の整備・構築支援、上場申請書類の作成支援等の業務を提供するとともに、併設する税理理法人においては税務顧問・税務申告業務を提供している。

　また、M&A 領域についても強みを持っているため、IPO 準備の過程において成長戦略としての M&A を検討している場合には、IPO 準備と M&A 戦略の実行といった両面からの支援も行っている。

◇監修・執筆者

山田勝也

公認会計士・税理士

2004 年　中央青山監査法人入所

2005 年　中央大学経済学部卒業

2007 年　太陽有限責任監査法人入所

2013 年　税理士法人 G&S ソリューションズ設立・代表社員就任

2016 年　株式会社 G&S ソリューションズ設立・代表取締役就任

主な著書に『M&A 財務デューデリジェンス入門』（税務経理協会）、『実例でわかる M&A に強い税理士になるための教科書』（税務経理協会）、『M&A 組織再編　ストラクチャー別会計・税務のポイント』太陽有限責任監査法人編：共著（税務経理協会）、『株式上場準備の実務』太陽有限責任監査法人編：共著（中央経済社）、『40 代

オーナー社長のための経営のバトンリレー』（幻冬舎）がある。

◇執筆者

髙橋寛敏　　第4章

相澤知也　　第2章 01、02

「なぜ」から始める
IPO準備実務入門
──押さえておきたい上場準備の勘所

2025年2月1日　初版発行

監　　修	山田勝也
編　　著	株式会社G&Sソリューションズ
発 行 者	大坪克行
発 行 所	株式会社 税務経理協会
	〒161-0033東京都新宿区下落合1丁目1番3号
	http://www.zeikei.co.jp
	03-6304-0505
印　　刷	株式会社技秀堂
製　　本	株式会社技秀堂
デザイン	中濱健治（カバー）
編　　集	吉冨智子

本書についての
ご意見・ご感想はコチラ

http://www.zeikei.co.jp/contact/

本書の無断複製は著作権法上の例外を除き禁じられています。複製される場合は、そのつど事前に、出版者著作権管理機構（電話03-5244-5088、FAX 03-5244-5089、e-mail: info@jcopy.or.jp）の許諾を得てください。

JCOPY ＜出版者著作権管理機構委託出版物＞

ISBN 978-4-419-07231-5　C3034

Ⓒ 山田勝也・株式会社G&Sソリューションズ 2025 Printed in Japan

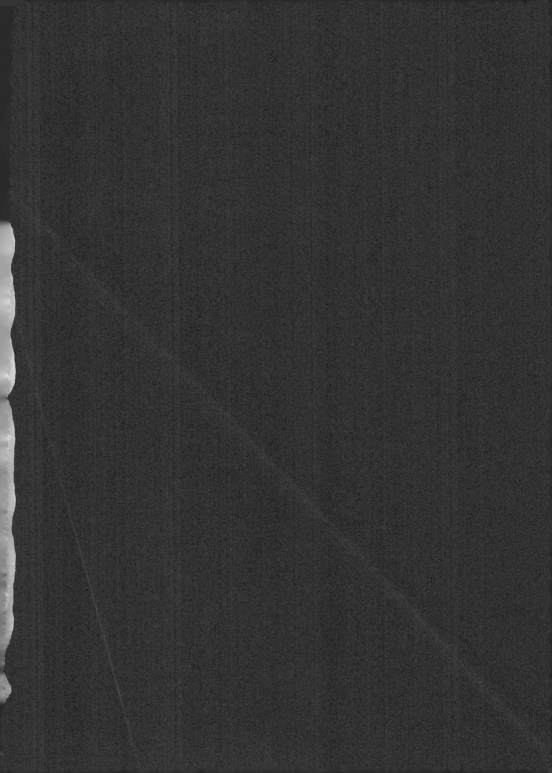